●対話で学ぶ心理学シリーズ 3

対話で学ぶ
認知心理学

塩見邦雄 ◎編
SHIOMI Kunio

ナカニシヤ出版

序　文

　本書はナカニシヤ出版から刊行している「対話で学ぶ心理学のシリーズ」の第1冊目である。第1冊目は「対話で学ぶ心理学」，第2冊目は「対話で学ぶ発達心理学」であった。今回の第3冊目は，「認知」を中心テーマにして作成されたものである。

　脳の前後径は，大人の場合，約20センチメートルぐらいである。全体の形は，大脳の下方に間脳・中脳・橋・延髄が続き，さらに脊髄が続く。ヒトの脳は，生まれたばかりの赤ん坊で約400g，生後1年で約800g（2倍），2歳で約900g，3歳で約1000g（2.5倍）になる。大人になると1200〜1300gくらいである。このことはヒトの脳は0〜2歳で急激に大きくなるということを示している。一般に生物が加齢とともに大きくなる場合には「成長」という言葉が使われるが，ヒトの脳は，出生直後に大きく成長するといえる。ところで，この成長で何が大きくなったのかは不明である。というのは神経細胞（ニューロンという）の数は生まれた時に決まっており，それから先は新しく生まれてこないというのが定説なのである。しかし，ニューロン間の連絡は，生後はげしい勢いで密になる。ニューロンの突起の変化は，2歳では3ヶ月の場合と比較して，かなり密になっている。ニューロンがほかのニューロンと盛んに連絡を取り合うようになることが，いわゆる脳の成長である。

　脳は，思考や認知や記憶など高次神経活動をつかさどる部位である。そして，私たちの記憶は海馬や扁桃核が大きく関係している。海馬は系統発生的に古い脳の一部で約4千万個の神経細胞からなっている。学習は大人の海馬の神経細胞の発生を増強していく。しかしながら，脳は高齢になると，機能退化を起こす。そして，場合によっては「認知症」と呼ばれる記憶を中心とする障害が現れてくることもある。アルツハイマー病とか痴呆といわれる症状はそれらに該

当する。

　脳は構造上，右脳と左脳に分かれている。ふつう左脳は言語や運動をつかさどる。左脳が損傷されると，言語に障害が現れたり，右半身が麻痺してしまったりする。しかしながら，脳が若い時には，かなりゆとりある柔軟性がある。「てんかん」の発作に苦しんでいたある少年がいた。彼は，そのために左脳をすべて切除する大きな手術を受けた。「てんかん」は，発作的な意識障害やけいれんなどを慢性的に繰り返す病気で，その発作は，脳のニューロンが病的に興奮して生じるとされ，原因は脳の損傷や病変などと考えられている。少年の脳波には，棘波と呼ばれる特徴的な異常波形が見られた。手術の結果，この少年は，以前より話すことができるようになったし，訓練によって，運動もできるようになった。これがもし成人であれば，失われた部分の機能は修復されず，ことばも話せなくなっていただろう。言語をつかさどる左脳を切除したにもかかわらず少年が話せるようになったのは，少年の脳が，切除された部分の機能，つまり左脳の機能を，右脳で修復した，つまり「ゆとりある柔軟性」を有していたためであると考えられる。

　記憶の障害を抱える人のうちで，長期記憶・短期記憶の両方に障害がある場合，人の名前を覚えるのが苦手であったり，幼い頃のことをまったく覚えていない。彼が幼い頃の想い出を話せるのは，自分で記憶していることを話しているのではなく，彼の幼い頃のことについて周囲の人から教えられたことを話しているに過ぎない。

　認知症の人の場合，運動にも問題なく，やり慣れたカードゲームなどもすいすいとできる。しかし，アヒルやウサギ，トラなどの動物を，イヌかネコと言ってしまったりする。つまり，彼の意味記憶は幼い子どもくらいのものでしかない。

　認知とは，このような脳の構造をもつ私たちが，事物や事象についての知識とか情報を得るすべての過程を指し示す。具体的には，知覚・学習・記憶・思考・判断・決定などの諸過程を含んでいて，人間が，生得的あるいは経験的に習得している既存の情報に基づいて，新しい情報を選択的に取り入れて，それらを体制化して，保存し，伝達したり，あるいは，その情報を用いて対応する情報収集とか処理活動を行う総称のことである。

人は学習によって膨大な知識を獲得していく。獲得した知識は構造化されることで新たな学習の基礎となる。記憶は1種類だけではない。短期記憶といわれるものと，生涯に残る長期記憶といわれるものがある。短期記憶にはリハーサルが必要である。ハーサルがないとすぐに忘却してしまう。長期記憶はその持続時間が長い。また人間の記憶の容量は膨大なものである。

　今，「学習障害」（LD: Learning Disability）が注目をあびている。学習障害とは，基本的には全般的な知的発達に遅れはないが，聞く，読む，書く，計算する，または推論する能力のうち特定のものの習得と使用に著しい困難を示すさまざまな状態をさすものである。学習障害は，その原因として，中枢神経系に何らかの機能障害があると推定されているが，視覚障害，聴覚障害，知的障害，情緒障害などの障害や，家庭，学校，地域社会などの環境的な要因が直接の原因になるものではない。学習障害には，言語性と非言語性の2つのタイプがあるという考え方が一般的である。言語性学習障害とは，読み・書きを主流とする学習上の技能に問題をもつタイプ，つまり，読み・書きや，ことばの発達を基礎とする視覚性言語に問題のあるタイプである。非言語性学習障害は，さらに2つのタイプに分けられる。1つは視覚認知・協調運動の障害があり，オリエンテーション（自分を中心とした位置，方向，時間などの認知）に問題があるため，日常生活動作がぎこちなく，人との関係が不器用であり，社会的不適応を起こすタイプ，もう1つは視覚認知，協調運動には特に問題をもたないが，人の心が理解できず対人関係がうまくとれないために社会的不適応を起こすタイプである。話を聞いて理解することが困難であり，聞きもらしが多い。記憶力には問題がないのに，筋道を立てて考えることが苦手である。文を読むとき，字を抜かしたり行をとばしたりする。ひらがな・漢字がなかなか覚えられない。鏡文字が多い。黒板の文字が書き写せない。図形の認知や操作につまずきがある。手先が不器用で細かい作業が苦手である。方向感覚が悪く，自分の並ぶ位置が分らなくなる。相手の感情や気持ちを読みとることが困難，など。

　「脳」は，私たちが外界とうまく適合し，認知し，知識を集積し，知恵を作っていくうえで不可欠な大切な部位である。脳が正常に働かないと私たちは，生活にこのような不都合をもつことになる。今回は，この脳の働きのうちの

「認知」の機能に焦点をあてて示していく。

　本書の構成は，第1章が「認知・学習」，第2章が「知覚」，第3章が「記憶」，第4章が「注意」，第5章が「教授・学習」，そして，第6章が「認知発達」で，全部で計6章からなる。

　本書の作成が企画されたのは2004年のことであった。したがって，本書を上梓するまでに，おおよそ2年かかったことになる。その原因の1つは，編者の塩見の多忙さのためであった。他の著者の原稿ができているのに，私の分が未完成であった。そのために，急遽，坂本美紀さんに参加していただいて，本書を完成させることができた。このように完成が遅れたけれども，本書はかなりうまくできたと思っている。

　出版にあたっては，今回もナカニシヤ出版の中西健夫社長，宍倉由高編集長，山本あかね編集員に大変お世話になった。本書の作成にあたり，大幅に遅れてご迷惑をおかけしたことに対してお詫び申し上げる。そして，暖かくご支援をいただいたことに対して厚くお礼申し上げる。

　私たちは，今回も精一杯努力して本書を上梓した。本書に対しての皆様の暖かいご指導とご鞭撻をお願いする次第である。そして，この「対話で学ぶ心理学」シリーズは，今後も継続して刊行していきたいと考えている。

2006年3月15日

塩見邦雄

目　次

序　文 *i*

第1章　認知・学習 ………………………………………………… *1*
第1節　認知の研究とその変遷　*1*
第2節　認知心理学における認知機能のモデル化　*3*
第3節　認知の発達　*9*
第4節　学　習　*12*
第5節　認知・学習研究の発展と現在　*15*

第2章　知　覚 ……………………………………………………… *23*
第1節　知覚とは　*23*
第2節　感覚と知覚と認知　*25*
第3節　知覚の研究法　*30*
第4節　図と地　*36*
第5節　形の知覚　*41*
第6節　奥行きの知覚　*51*
第7節　錯　視　*60*
第8節　運動の知覚と時間の知覚　*66*
第9節　社会的知覚　*75*
第10節　バーチャルリアリティ　*79*
第11節　人工知能　*83*

第3章 記　　憶 ……………………………………………………………… 87
　第1節　記憶の研究法　**88**
　第2節　記憶の処理過程　**91**
　第3節　記憶の基本システム　**97**
　第4節　忘　　却　**113**
　第5節　記憶の変容　**115**
　第6節　記憶術（mnemonics）　**118**

第4章 注　　意 ……………………………………………………………… 125
　第1節　注意と覚醒　**125**
　第2節　聴覚的注意　**127**
　第3節　視覚的注意　**129**
　第4節　分割的注意（divided attention）　**136**
　第5節　アクション・スリップ　**139**

第5章 教授・学習 …………………………………………………………… 143
　第1節　教授・学習の意味　**143**
　第2節　教授・学習の基礎理論─いつから始まったのか─　**148**
　第3節　学習意欲と動機づけ　**157**

第6章 認知発達 ……………………………………………………………… 161
　第1節　知覚の発達　**161**
　第2節　記　　憶　**167**
　第3節　ピアジェの認知発達　**171**
　第4節　心の理論─自分や他人の心を推論する能力の発達─　**174**

索　　引　**181**

第1章

認知・学習

第1節　認知の研究とその変遷

　駅で知り合いに会って挨拶をする。狭い道で近づいてくる自転車を見て、それをよける。私たちは日々、外界から与えられる情報に基づいて、判断を下し、適切な行動を選択している。このような働きを、心理学では認知（cognition）と呼んでいる。認知の働きをになっている主体が人間の心（mind）であり、その働きをつかさどる生物学的な器官が脳である。

　認知心理学とは、人が世界をいかにして認識し、世界についての知識を獲得し使用できるのか、という問題を扱う心理学の一分野である。具体的には、世界を認識する基本的な仕組みとして、知覚や注意、表象、記憶といった基礎的な認知機能の他、問題解決や推論など、複雑な知識をどのように用いて高度な知的活動を行うかについての研究が行われている。認知心理学の歴史は比較的新しく、コンピュータの発達と呼応して、1950年代の後半頃から急速に発展した。しかしながら、それ以前の心理学でも、人間の認知機能の仕組みについての研究は行われていた。

　A君　「20世紀の前半と言えば、行動主義が盛んだった時期ですね。行動主義は、刺激と反応が『条件づけ』によって結びつくことを学習の基本とし、外部から客観的に観察できる行動のみを研究の対象とすべきだという考え方です。したがって、内的な過程は一種のブラック・ボックスとして扱われていたのではなかったでしょうか。」

先生　「そのとおりです。北アメリカを中心に，行動主義の心理学が隆盛を誇った時期には，外部から観察しにくい認知機能について語ることは，ある種のタブーでした。1930年代から50年代に展開した新行動主義の時代には，生体内部の認知過程にも目が向けられるようになりました。スキナー（Skinner, B.F.）の実験を典型とする，オペラント条件づけが有名です。しかしこの場合も，認知過程は，基本的には条件づけによって形成された刺激と反応の連合が内在化したものにすぎないととらえられていました。」

A君　「人間の認識を，すべて刺激と反応の結びつきで説明するとなると，ちょっと苦しい部分もありますね。動物であっても，たとえば，試行錯誤を繰り返さずに正解にたどり着いたり，ごほうびすなわち報酬がない状況でも学習したりすることがある，という報告があります。これらは，条件づけでは説明できません。」

先生　「ケーラー（Köhler, W.）が示した洞察による問題解決や，潜在学習ですね。こういった知見から，外に現れた行動よりも，環境に対する認識の仕方を問題にすべきだという，認知理論の主張がうまれたわけです。」

A君　「それで一気に，人間の認知過程の研究が始まったわけですね。」

先生　「残念ながら，そうはなりませんでした。認知理論に基づく初期の認知研究は，人間の認知過程に対する鋭く深い洞察を含んでいたのですが，行動主義が圧倒的な優勢を誇る間は，研究の主流にはなりませんでした。その原因は，初期の認知理論で用いられた概念や仮説がしばしば曖昧であったこと，能動的でダイナミックな認知過程を実験的に分析・記述するための方法論が，当時は十分に確立していなかったことによると考えられています。」

A君　「当時は……ああ，わかりました。1950年代の，コンピュータや，情報処理モデルの登場が必要だったのですね。」

先生　「情報処理モデルとは，人間の認知過程をコンピュータの情報処理過程のアナロジーとしてとらえるものです。たとえば記憶は，情報を符号化し，貯蔵し，必要なものを検索する，一連の情報処理過程ととらえられます。情報処理モデルの登場は，認知過程の研究に大きな影響を与えました。これにより，記憶，注意，思考，問題解決といったさまざまな内的過程を，情報処理モデルの用語で定義し，その仕組みをモデル化していくことが可能になったので

す。」

第2節　認知心理学における認知機能のモデル化

先生　「ここで，基礎的な認知機能のうち，知覚と注意，記憶のメカニズムがどのようにモデル化されてきたかについて簡単にまとめてみましょう。」

2.1　知　覚

　「知覚」とは，目や耳などの感覚器官を通して外界を認識する心の働きである。たとえば視知覚の場合，私たちは，ちょうどカメラで写真を撮るように，外界の光景を網膜像として写しとる。しかしカメラとは異なり，私たちは，図地分化といって，特定の領域をひとまとまりの形態として認識し，それ以外を背景として知覚することができる。また，さまざまな形態で書かれた文字を，同じAとして認識したり，明るさや表情の異なる顔，大きさやトーンの異なる声を，それぞれ誰のものか判断したりできる。このように，人間の精神活動は，パターン認識機能に大きく依存している。パターン認識が進行する過程については，ボトム・アップ処理（データ駆動型処理）とトップ・ダウン処理（概念駆動型処理）の2通りがある。具体例を挙げると，与えられた文字の形態を分析してAだと判断するのがボトム・アップ処理，文脈や知識を利用してAだと判断するのがトップ・ダウン処理である。
　認知心理学では，このほかにも，奥行きや運動の知覚，運動やメロディーの認知など，さまざまな内的過程がモデル化されている。その中でも特に，顔の認知には，普通の物体の認知には見られないユニークな特性が数多く見られることがわかっている。また，顔認知の障害として，相貌失認や，表情の認知だけができない例などが報告されているほか，顔の認知に関与する神経生理学的基盤が，徐々に明らかになりつつある。

2.2　注　意

　人間は普段，種々雑多な多量の情報にさらされている。それにもかかわらず，必要な情報を探索し，選択することができるのは，「注意」の働きによってで

ある。たとえば，コンパの会場にいるところを想像してほしい。周囲ではにぎやかに会話が交わされているが，あなたの耳に意味のある言葉として聞こえているのは，いま話している相手の声だけである。しかしふと，別のところで自分のことが話されているのに気づくと，それまではざわめきにすぎなかった会話の内容が耳に入ってくる。このように，人は，たくさんの音声の中から，自分が注意を向けた会話だけを聞き取ることができる。同時に入ってくる情報の一部分だけを優先的に処理することを，選択的注意と呼ぶ。認知心理学では，この選択的注意が実現するメカニズムや，注意が反応にもたらす影響，注意の容量モデルなどが明らかにされている。

2.3 記　　憶

　人間のさまざまな認知機能は，「記憶」の機能に支えられてはじめて有効に機能する。記憶の仕組み，すなわち，知識が私たちの頭の中にどのように取り込まれ，蓄えられ，引き出されるかについては，コンピュータの情報処理過程との対応でモデル化されてきた。たとえば，保持時間の長さによって，記憶は3つに区分される。入力された感覚情報をごく短時間記憶する「感覚記憶」，感覚記憶に入力された情報の中で注意を向けたものだけを一時的に保存し，その保存容量に限界のある「短期記憶」，多量の情報を知識として永続的に保存できる「長期記憶」である。外界の刺激は，まず感覚記憶に入り，そのうち注意を向けた情報だけが，短期記憶に移動する。短期記憶内の情報のうち，何らかの記銘処理（符号化）が行われたものが長期記憶に転送され，必要に応じて検索され，想起し活用されるのである。

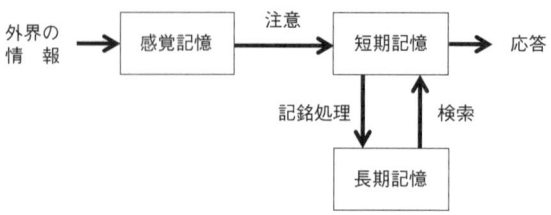

図1-1　記憶のプロセス・モデル

先生　「人間の記憶とコンピュータの記憶は、さまざまな点で異なる性質をもっています。何か例を挙げてください。」

A君　「僕も含め、人間によくある"ど忘れ"です。覚えているはずの情報、先ほどの用語を使えば、長期記憶に保存されている情報が想い出せなくなるのです。」

先生　「正解です。忘却という現象ですね。他に思いつくことはありますか？」

A君　「人間の記憶は、時間が経つと変容することがあります。事実をゆがめて記憶してしまうこともありますね。ほかには、成長に従って、記憶できる量が増えるとか、いろいろな記憶方略を使って、記憶を向上させられるようになるとか……。」

先生　「よく覚えていますね。これまでの記憶研究では、記銘・保持・想起の各側面と忘却が生じる仕組みについて、多くの知見が得られています。このほかにも、覚えたつもりがないのに覚えていた『潜在記憶』や、実際にはまったく経験していないことを、あたかも経験したかのように"想い出す"『偽りの記憶』など、記憶にまつわるさまざまな現象とその仕組みが明らかにされつつあります。」

A君　「『ワーキング・メモリ』というのも、記憶システムの1つなのですか。」

先生　「ワーキング・メモリ（working memory；作動記憶、作業記憶などと訳される）は、短期記憶の機能面に着目したもので、文章を読んだり暗算を

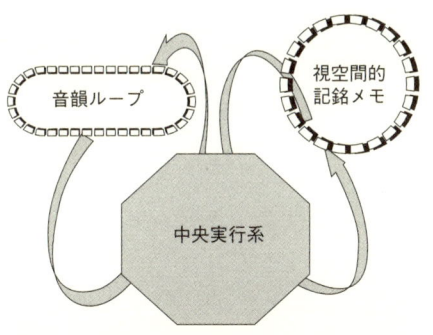

図1-2　ワーキング・メモリ・モデル（斎藤, 2000）

したりといった，"何らかの認知的な作業を行いながら，そのために必要な情報を一時的に保存する"際に働く動的な記憶システムです。たとえば，暗算の場合は，計算のやり方や，繰り上がった数などの情報を一時的に記憶内に保存しながら，同時に計算を行わなければなりませんし，文章を読む場合は，それ以前の内容を保存しながら，次の文を読んでいかないと，全体として何が書いてあったかを理解することができません。こういう場合に働くのがワーキング・メモリで，その容量を測定するために，リーディング・スパン・テストなど，いくつかの課題が考案されています。」

A君　「頭を使って作業しながら，情報を覚えておくのは，得意不得意がありそうですね。」

先生　「これまでの研究によって，ワーキング・メモリの容量には，個人差があることがわかっています。たとえば，知的障害や学習障害などの発達障害をもつ子どもには，ワーキング・メモリの容量が小さい子どももいます。そういう子どもは，一度にいろいろなことを言われると混乱したり忘れてしまうようなことが起こるため，親や教師は，その特性を理解して対応する必要があります。」

2.4　高次の認知活動―読解，問題解決，そしてメタ認知

先生　「人や事物の世界について理解し学ぶ過程において，言語テキストは，重要な手段の1つです。文章を読むという活動は，心理学の大きなテーマの1つであり，さまざまな領域で研究が行われています。認知活動の核の1つとしての読みの研究は，認知心理学の発展の中で，記憶や知識の構造，理解や知識獲得，問題解決の過程などの研究と連動して発展してきました。」

A君　「ひとくちに文章の理解といっても，さまざまなレベルがありますね。単語レベルの読みと，単語の意味についての知識をベースとして，文レベルの読みが成立し，文章レベルの理解に至ります。」

先生　「これまでの研究で，各レベルの認知プロセスが詳細に解明されています。単語認知や意味の決定から文章の理解の各レベルで，知識のスキーマや文脈，予想などに基づくトップ・ダウン処理が，ボトム・アップ処理とともに行われていること，読みの遂行とワーキング・メモリの容量との間に関連があ

ること，読みのプロセスには，情動や動機のほか，理解の状況をモニターしコントロールしていく方略やメタ認知が，深く関わっていることが明らかになっています。また，読みのコンピュータ・シミュレーションや，脳神経機構についての研究も行われています。」

A君 「文章産出過程についての研究もなされていますね。たとえば，作文を書く認知プロセスは，課題環境からの入力と，書き手がもっている長期記憶内の知識を用いながら，ワーキング・メモリ内で，プランニング，翻訳，推敲の3つの下位過程が関わり合うものとしてモデル化されています。何をどのように伝えるかについての『プランニング』，プラン内容を言葉に置き換えていく『翻訳』，書こうと意図したものと書かれたものを比べる『推敲』の3過程は，直線的に進むのではなく，相互に関連し合っていること，そして，熟達者と初心者の違いは，翻訳の過程よりも，プランニングと推敲の過程において顕著に現れることなどが報告されています。」

先生 「問題解決や推論のプロセスの研究も盛んです。心理学でいう問題解決とは，いわゆる学校で与えられるような問題の解決という，日常的なイメージよりも広い意味で使われていて，外界を自分にとって都合のいいように作り替えることをさします。着ていく服を決めること，食事を作ること，買い物のプランを立てること，テレビ・ドラマのこれからの展開を考えること，これらのすべてが，問題解決と考えられているのです。言うなれば私たちは，一日中問題解決を行っているのです。」

A君 「伝統的な問題解決過程の研究は，ハノイの塔のようなパズル問題に代表される，『良定義問題』を扱ってきました。その後，学校で扱われるような問題を対象とした研究や，日常場面でのさまざまな問題解決過程の研究も行われるようになりました。」

先生 「教科内容に関する問題解決の研究では，特に算数・数学や自然科学などの領域における研究から，多くの知見がもたらされました。教科で用いられる問題解決の過程がモデル化されたこと，この種の問題解決には問題スキーマを用いた問題理解が極めて重要であること，しかし問題スキーマの獲得はそれほど易しくないことなどが明らかになっています。さらに，解決方略の個人差やその変化も分析されています。」

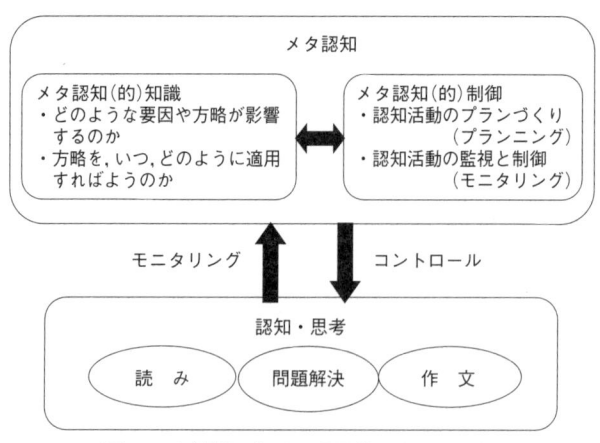

図1-3　メタ認知プロセスのモデル（岡本,1999）

　先生　「問題解決や読解，作文などの過程を解明した研究では，先ほども述べたように，認知過程を制御する，メタ認知の働きとその重要性が解明されつつあります。」

　A君　「メタ認知は，自分の認知活動に対する意識的なコントロールのことですね。簡単に言うと，読解や問題解決などの認知活動を行っている自分自身を認知している上位の自分，ということになるでしょうか。」

　先生　「そういうイメージでいいと思います。メタ認知には，大きく分けて，認知プロセスについての知識という側面と，認知プロセスのモニタリングとコントロールという側面があります。」

　A君　「たとえば，文章を読んで理解するためには，どんな工夫をすればよいかとか，文章題を解くときには，どんな点に気をつけたらいいのかとか，記憶力や勉強の効率を高めるには，どんな方略を使ったらいいのかとか，そういうことに関する知識をもっていること。そしてそういった知識を使いながら，自分の認知活動がうまくいっているかどうかをモニタリングし，必要に応じてやり方や目標を修正するなどのコントロールを行うこと，ですね。」

　先生　「小学5年生にインタビューを行い，算数の文章題を解く際のメタ認知について調べた研究によると，算数の成績の高い子どもは，"もう一度問題を読んで確かめる"や"あせらずゆっくりやる"と答えたのに対し，算数の成

績の低い子どもは，"何もしていない"や"なんとなく（解いている）"と答えることが多かったそうです。これより，成績の低い子どもは，自分自身の解決過程を意識化できていないのに対し，成績の高い子どもは，自分自身の文章題解決を意識的にコントロールしながら解いていることがわかります。」

A君　「作文の場合でも，初心者は，どうすれば読者が理解しやすいかなどをあまり考慮せず，知っていることをそのまま書き並べた文章を書きがちですが，熟達者は，文章を書くうえでのしきたりや予想される読者の反応などを念頭において，知識を再編成する作業に時間をかけ，プランニングや推敲の過程をコントロールしながら，よい文章に仕上げていきます。文章の理解や産出をはじめとする高次の知的活動において，メタ認知は大きな役割を果たしていますね。」

第3節　認知の発達

　行動主義の時代には，新生児の心は完全な白紙（タブラ・ラサ）であり，その白紙の上に経験の痕跡が刻み込まれていくのだと考えられていた。しかしその後は，新生児であっても，周囲の人やモノとの能動的な関わりを通して，概念を主体的に発達させていく存在であることが明らかになっている。また，20世紀後半に，言語や手の操作に頼らずに認知能力を測定する方法が次々と生み出され，新生児や乳児を対象にして，実証的な認知発達研究を行うことが可能になったことにより，乳幼児の有能さを示すデータが次々と報告されている（詳細については，本書第6章を参照のこと）。

　先生　「認知の発達に関する包括的なモデルといえば，まずはジャン・ピアジェ（Piaget, J.）のものが挙げられます。」
　A君　「ピアジェの発生的認識論では，人間の認識の発達を，可能な操作の水準から，4つの時期に分けていますね。」
　先生　「感覚や運動を通して身近な世界を理解していく感覚運動期，シンボルや内的イメージを使い始めるが，大人のような論理的思考はできない前操作期，材料や活動が具体的である場合に限って論理的，組織的な思考ができる具

体的操作期，抽象的，仮説的な事柄でも論理的に考えることができる形式的操作期，以上の4つです。」

A君　「ピアジェの理論に対しては，その後さまざまな批判がなされたそうですが……。」

先生　「たとえば，形式的操作の獲得を重視するあまり，その時期に至っていない子どもの有能性を見落としたこと。また，西欧とは異なる文化圏の人に標準的なピアジェ課題を実施した場合に，彼らがもっている能力が十分に発揮されなかったことより，ピアジェが主張したような，領域や文化に共通して見られる発達段階があるわけではないこと，などです。」

A君　「では，ピアジェの理論には，その後の展開はなかったのでしょうか。」

先生　「いいえ，新ピアジェ派と呼ばれる研究者たちが，その後を引き継ぎました。彼らは，ピアジェの理論を継承しつつ，それに対する批判を考慮し，必要な修正を行った理論を提唱しました。具体的には，情報処理理論を取り入れて，認知構造やスキルの発達的変化という観点から，領域にまたがる発達段階を描き出そうとしました。ケイス（Case, R.）による，成長にともなってワーキング・メモリの容量が増えることにより，さまざまな領域での有能さがもたらされるとする主張や，課題を解決する際に用いる方略またはルールの発達に着目したシーグラー（Siegler, R.S.）の説などはその例です。」

A君　「しかし，最近の認知発達研究では，領域を越えて適用される一般的な心的構造を想定するよりも，知識全体がいろいろな領域に区切られていて，それぞれが独自の特徴や構造をもつとする考え方が優勢のようです。」

先生　「知識や思考の『領域固有性』ですね。これによれば，子どもと大人の違いも，全般的な思考様式が違うのではなく，大人は，それぞれの領域の知識をたくさん，かつ整理された形でもっているので，適切に考えたり振る舞ったりすることができるのだと考えられています。領域固有性を支持するさまざまな知見は，認知心理学全体に大きな影響を与えました。」

A君　「認知発達では，幼児がもっているさまざまな領域の知識とその発達が研究されていますね。」

先生　「そうです。体系的な教授なしに，日常経験を通してインフォーマル

表1-1　幼児期の素朴理論

素朴物理学	物理的に起こりえない事象と起こりえる事象とを区別して反応する。
素朴心理学	心と行動の規則性や関連の理解。
素朴生物学	生物と無生物の区別，生物的事象と心理的事象の区別など。人間との類似性に基づいて，生物の属性や反応を考える。

に形成された知識のまとまりを，素朴概念または素朴理論と呼びます。近年の研究からは，就学前の幼児が，物理学，生物学，心理学などの領域で，外界を理解するときの枠組みとなるような『理論』を形成していることが明らかになっています。詳しくは表1-1を見てください。もちろん，大人の理論とは異なる部分も多いのですが，こういった素朴理論は，子どもがさまざまな現象を説明，理解，予測するための因果的説明の枠組みとなっています。」

　A君　「最近よく聞く『心の理論』とは，素朴心理学のことですね。」

　先生　「社会の中で，人と関わって生きていくためには，相手の心の動きを理解することが必要です。心は目に見えませんから，心と行動の規則性や関連を理解していくことになります。こういった知識の集合を，心の理論と呼んでいます。たとえば，健常児の場合は，2歳頃までに，他者の感情を理解します。また，見かけと現実を区別したり，他者の誤った信念を理解したり，自分の誤った信念を想起したりすることは，3歳ではできませんが，4歳頃にできるようになることが知られています。」

　A君　「こうしてみると，子どもは，かなり早い時期から，いろいろなことを理解しているんですね。」

　先生　「言語や数概念，物理的概念，生物学的概念，因果関係などの中核領域で，乳幼児が優れた学習能力を発揮し，行動主義的な学習観では説明できないほど，容易かつ急速に概念を獲得しています。このことから，これらの領域に，学習を促すための，ある種の生得的な原理（制約とも呼ばれる）が備わっていると考える研究者も少なくありません。」

第4節 学　　習

4.1 認知主義と学習の研究

　A君　「僕がもっている認知心理学の書籍には，記憶などの章はあるけれど，学習についての章はありませんでした。行動主義の説明のところで，学習が『経験による行動の変容』として定義されていたことは書いてありましたが……。」

　先生　「行動主義的な学習観は，現在でも，スキルの訓練や行動療法などの分野の基盤となっています。しかし，認知心理学の登場により，心理学における学習の定義は，行動主義的学習観に基づく『経験による行動の変容』から，『経験に基づく認知システム内部の変化』へと変容しました。中でも，学習者の頭の中に知識がどのように取り入れられ構成されていくのかという知識獲得のプロセスが，認知心理学の1つの焦点となりましたが，知識の獲得とその利用は，当初は，記憶のメカニズムや，問題解決，推論をあつかう研究として進められていたのです。」

　A君　「学習の基礎に関する実験室的な研究と，教室での教授・学習をあつかう実践的研究は，それぞれ別に行われていて，その後，教科内容の理解や問題解決を扱う研究が徐々に増えていったのですね。」

　先生　「学習者の認知過程に注目する立場では，人間の学習は，白紙にものを書き込むように，教師の与える情報がそのまま蓄積されていくのではなく，学習者がすでにもっている知識と，新しく与えられる概念との相互作用の結果として，学びが生じると考えられています。そのため，学習場面で既有知識との相互作用を活性化させる教授法によって，新しい知識の理解を促進することが試みられたり，子どもが日常経験や直観に基づいて作り上げた素朴概念や，インフォーマル算数と呼ばれるものが研究されたりしています。研究されている素朴概念は，これまでのところ，科学的な概念に関するものが多いですね。」

　A君　「地球は平らだという理解や，地球が球形だとしたら，反対側の人や物が，空に向かって落ちていってしまうとか，電流回路では，電池の両極から

出た電流が，豆電球のところで衝突して光るとか，回路を流れる電流は，豆電球を光らせるのに使われるため，豆電球を通過した後は電流が弱くなるとか，いろいろな素朴概念が報告されていますね。」

　先生　「さらに，こういった素朴概念は，それと一致しない科学的概念の理解を阻害することもあります。たとえば，豆電球を光らせるために電流が使われるという素朴概念をもっていると，電流は回路のどこでも同じ大きさであるという科学的概念は，理解しづらいものとなります。」

　A君　「それで，児童生徒の既有知識と一致しない科学的概念を，どのようにすれば獲得させられるかの研究が行われているのですね。」

　先生　「人がもっている知識に大幅な組み換えが生じることは，知識の再体制化や概念変化と呼ばれ，教授に基づく概念変化は，それほど容易ではないことがわかっています。」

　A君　「学習者の認知過程といえば，用いられる学習方略やメタ認知の働きも重要ですね。先ほどの話にも出たように，適切な学習方略を使い，学習活動を意識的にコントロールしていくことが，学業成績と関連しているのですね。」

　先生　「メタ認知の能力が未熟だと，どこがわからないのかがわからない，自分がわかっていないことにすら気づかない，ということが起こります。学習の成果が思うように上がらない，または学習に遅れが見られるような児童生徒に対しては，メタ認知能力を育成する指導を行っていく必要があるでしょうね。」

　A君　「メタ認知のスキルを獲得させるために，児童生徒の相互教授やディスカッションを導入する実践が，いろいろと行われていますね。読みの成績がふるわない児童を対象に，生徒同士の相互教授によって読解の方略を身につけさせた研究（Palincsar & Brown, 1984）を皮切りに，長期的な訓練実験が行われるようになりました。」

　先生　「最近の教授学習研究では，『自己制御学習』，すなわち，学習者が積極的に自らの学習に関与する学びの力をいかにして育成していくかが，ホットなテーマの1つになっています。」

4.2 新しい学習観

A君　「近年は，学習者個人の内的過程だけでなく，学習の社会的な側面にも注目した研究が増えてきているようです。」

先生　「後でお話しする，状況論または状況的認知論と呼ばれる理論の広がりとともに，学習に関しても，個人と環境を分けて考えず，これらを含んだ状況自体に視点をおいて学習をとらえようとする，状況的学習の考え方がとられるようになりました。状況論に基づく学習研究からは，たとえば，学校教育をほとんど受けていないストリート・チルドレンや漁師が，物売りなどの仕事を通して，高度な計算スキルや概念を身につけていることが報告されました。」

A君　「日常場面での学びは，これまでの認知心理学が想定していたような，個人の内部だけに生じるものではありません。商品などの扱う材料があり，計算機などの道具を利用し，具体的な文脈の中で，他者と相互作用しながら進行するものです。」

先生　「こういった知見により，教室での教授・学習についても，教師から学習者への情報の伝達に加え，仲間との相互作用的な働きかけや，周りの社会・文化的システムなどの影響を受けながら，学習者自身の"内的論理が変容"していくものだとする考え方が登場しました。」

A君　「ブラウン（Brown, J.S.）による『分かちもたれる認知』や，エンゲストローム（Engeström, Y.）による『拡張による学習』理論が，新しい学習論の代表的なものですね。」

先生　「このような学習観の転換にともない，学習の共同性が注目され，協同学習が脚光をあびています。これは，子どもたち同士が，あるいは教師と子どもたちとが，学び合い，助け合いながら，協同で知識を構成していく学びの形態で，協調学習とも呼ばれます。」

A君　「教育現場では，たとえば，討論によって学習を深める方法や，協同作業による問題解決活動などが行われていますね。」

先生　「こういった流れと呼応して，学習を扱う研究領域では，仲間との相互作用を通して学習を促進させる取り組みや，学習場面における社会的相互作用のプロセスを分析する研究などが行われるようになりました。認知や学習のとらえ方や研究の仕方において，現在，大きな変化が起こっています。」

第5節　認知・学習研究の発展と現在

5.1　状況的・社会的要因

　A君　「伝統的な認知心理学の研究では，条件を統制した実験的アプローチの下で，人間の認知過程の仕組みが研究されてきましたね。」

　先生　「その一方で，実験室で得られたデータが，日常世界での認知過程を正しく反映しているかどうかという，生態学的妥当性が問題視されるようになりました。実験条件を厳密にすればするほど，日常の認知活動から離れたものを測定することになるのではないか，という懸念です。」

　A君　「生態学的妥当性についての反省から生まれたのが，日常認知という研究分野ですね。これは，日常世界での認知過程の仕組みをできるだけ自然な形で研究しようとする流れです。たとえば，日常生活で使われる記憶には，知識や過去の記憶に加えて，"あと1時間したらもう一度電話をしよう"とか"帰りにコンビニに寄って買い物をしよう"などといった，これからの意図についての記憶が含まれています。こういった『展望的記憶』においては，するつもりだった行動を，タイミングよく思い出すことが必要です。家に帰ってから，コンビニに寄ることを思い出したり，重要な約束を，その時間をとっくに過ぎてから思い出したりしても，あまり意味がありません。何を手がかりにして，タイミングよく思い出しているのか，考えてみると不思議ですよね。」

　先生　「日常認知研究の進展にともない，個々の認知過程がさまざまな認知過程と密接に関連し合いながら機能するダイナミズムをとらえることの重要性が認識されるようになりました。具体的には，人間の認知過程が感情や行動のシステムと関連して機能していることを示す研究が行われています。」

　A君　「たとえば記憶の領域では，認知と感情との関わりを示す『気分一致効果』や，記憶と運動との関わりを示した『被験者実演効果』に関する研究がそうですね。」

　先生　「それに加え，認知や思考が，社会や文化や歴史といった，人間を取り巻く状況と関連しているという考えが，1980年代の後半から，主張されるようになりました。」

A君 「先ほどの話にあった，状況論とか，状況的認知論と呼ばれている理論ですね。」

先生 「状況論では，人間関係やさまざまな道具を含む自然な環境の中で認知を考えるべきであるとし，環境との相互作用のあり方から認知行動をとらえます。人と人，あるいは人とモノ・コトとの相互作用の中で営まれる社会的実践として認知を研究するのです。その中で，文化人類学で用いられているエスノグラフィーという手法を用いた認知研究も増えてきています。」

5.2　学際的・総合的な認知研究

A君 「最近の認知研究では，他の学問領域との合流が目立ちますね。認知心理学だけでなく，認知科学という研究分野も盛んです。」

先生 「認知科学とは，認知心理学が言語学や脳科学，情報工学などの多様な隣接諸科学と合流することによって成立した，学際的・総合的な科学です。たとえば，脳科学の進歩によって，人間の認知過程を支えている脳のメカニズムの解明に役立つ実証データが次第に蓄積され，それらのデータに照らして認知心理学が提出したモデルや仮説を検証することが始められています。」

A君 「大脳皮質の働きと，それが損傷した場合の機能障害についての研究は，以前から行われていましたね。神経心理学という名称だったと思います。」

先生 「神経心理学と呼ばれる医学の一分野で，事故や病気によって神経系に損傷を受けた人の機能障害について研究されていました。大脳皮質の機能はかなりの程度局在していて，ある部位の損傷はある特定の機能障害を引き起こす場合があります。19世紀のブローカ（Broca, P.P.）による言語中枢の発見以来，多くの機能障害の症例が蓄積されてきました。認知心理学の存在が広く知られるようになると，認知心理学で形成されてきた抽象的な情報処理モデルと神経心理学的症例とを対応させる努力が始まり，1980年代以降，失語症，失認症の理解など，いくつもの重要な成果が上がっています。」

A君 「最近では，いろいろな活動をする際に，脳のどの部分を使っているのかが，少しずつわかってきたんですよね。」

先生 「脳神経系の活動を画像化する技術が登場し，脳の研究は，現在大き

く発展しています。1980年代に確立したPETのほか，被検査者に負担を与えないMRIやfMRIなどの登場により，生きた脳の活動の姿を画像として"見る"ことが可能になりつつあります。これらの技術を使って，たとえば，計算や読みを行っている際に，脳のどの部分が活性化しているかの検討が行われています。これらの認知機能と脳神経系の関係を追求する分野を，最近では，認知神経心理学，あるいは認知神経科学とも呼ぶようになりました。」

5.3 テクノロジを利用した学習支援

A君 「学習科学と呼ばれる分野では，学校での授業など，より現実的な場における知識の獲得とその利用のプロセスが，大きなテーマの1つになっているそうですね。」

先生 「認知科学の成果をもとに学習プロセスを促進する仮説を立て，実践によって理論の正しさや具体的学習方法の有効性を実証しようとする新しい研究分野を，学習科学と呼んでいます。これまでの実験室を中心とした学習研究とは違った方法論によって，知識獲得や知識構成といった高次の認知過程や，学校その他の教育機関における複雑な知識や技能の習得を援助すること，コンピュータなどの教育技術を利用した学習環境のデザインなどを扱っています。」

A君 「IT技術と学習といえば，最近，e-learningという言葉をよく聞きます。インターネットを使って学習したり，与えられた問題を解いたりすることですね。」

先生 「それも1つの側面です。従来のCAIの機能が進化した形の，e-learningシステムでは，マルチメディア・コンテンツによる教材の作成と提示，学習履歴の保存や評価などが可能になった学習システムが，数多く開発されています。Web上の学習システムにより，コンピュータの環境に依存することなく，また遠く離れた場所を結んで，均質な学習が実行できるようになりました。」

A君 「学習履歴の保存といえば，ITを活用したデジタル・ポートフォリオも，いろいろな教科で急速に広がっていますね。普通のポートフォリオは，学習の過程や結果に関わるさまざまな成果物を，ノートやバインダー，ファイ

ルなどに入れて保管します。それに対して，デジタル・ポートフォリオでは，成果物を，コンピュータにデジタル情報として取り込み，ハード・ディスクやCDなどのリムーバブル・メディアやファイル・サーバ，webサーバなどに入れて保管します。デジタル・ポートフォリオの場合は，映像や音声も記録できますし，持ち運びが簡単で，ネットワークに公開して多くの人に見てもらうことも可能ですし，成果物の検索や，再編集も簡単です。デジタル化することにより，ポートフォリオを利用した学習評価は，手軽に実施できる日常的な評価になりつつあるかもしれません。」

先生　「さらに別の側面として，協調学習の支援も，e-learningの大きな柱の1つです。具体的には，遠く離れた学習者同士が，議論を行いながら協働して問題を解いたり，観察や実験の結果を交換したり，考えを深めていったりする授業のほか，1つの教室の中で，コンピュータやネットワークを使って協調学習を行う実践も，国内外で多く取り組まれています。」

A君　「CSCLと呼ばれるものですね。」

先生　「そうです。CSCL（Computer Supported Collaborative Learning）とは，コンピュータ・ネットワークを議論や共同作業のための道具として用い，学習者の考えを目に見える形にして他の学習者と共有し，協同的に学んでいく教育実践や，その支援システムに関する研究領域です。著名なCSCL研究のプロジェクトについては，表1-2を参照してください。日本では，概念関係をモ

表1-2　代表的なCSCL研究

CSILE（Computer Supported Intentional Learning Environments）／Knowledge Forum
　知識を外化し共有することを通して，問題解決課題を協同で解く。学習者は，コンピュータ上のノートに，知識や思考を可視化する。また，書き出したノートと他者のノートとの間に関連をつけるなどの作業を通して，知識の積み上げを行いながら，学習者全員で知識を構築する共同体がめざされている。

WISE（Web-based Inquiry Science Environment）
　web上に理科教育のための統合的学習環境を構築することをめざしている。学習者は，コンピュータで教材コンテンツを見るほか，自分たちが実験で得たデータやWISEあるいはリンク先のwebページで提供されているデータなどをもとに，分析やシミュレーション，議論を行い，科学的な理解を深めていく。

LeTUS（Learning Technology in Urban School）
　都市部の中・高校生が，大規模な科学的事象を説明するためのモデルを作り，予測や推論ができるようになる力をつけることをめざしている。プロの研究者や分析者がもつような問いを追求する発問型学習や，データを扱い分析するための可視化・モデル構築が重視され，そのためのツール群が，教材ごとに開発されている。

デル化した概念地図（コンセプト・マップ）をコンピュータ上で作成し，またその作成過程を繰り返し見直せるソフトウェアを利用して，科学的概念を理解する教育実践や，CSILEを多機能にしたシステムであるKnowledge Forumを利用した実践などが行われています。Knowledge Forumは，簡単に言うと，生徒が書き込める学習用データベースを基本としたシステムで，現在はwebに対応しています。データベース内に作成できるノートには，文字だけでなく，写真や動画を載せることもできます。さまざまな教科で活用されていますが，日本では，たとえば，理科や総合学習において，協調的な知識構築を支援する実践が行われています。図1-4は，小学校での総合学習のために作成されたKnowledge Forumの画面です。これまでの学習をもとに，子どもたちが考えたことや，他のグループとのやりとりの内容が，ノートの形で残されています。」

A君　「コンピュータ以外の情報機器の活用についてはどうですか。」

先生　「近年では，携帯情報端末を利用した協調学習支援システムの開発が増えています。カメラ付き携帯電話を利用し，野外での観察活動を支援するシステム，PDAを利用して，博物館などの学外施設での学習者の協調学習や，校外学習を支援するシステムなどが開発され，それらを活用した教育実践が継続されています。たとえば，カメラ付き携帯電話を利用した授業では，児童が校外の自然風景，動植物，地域社会の様子などを，携帯電話のカメラ機能を用

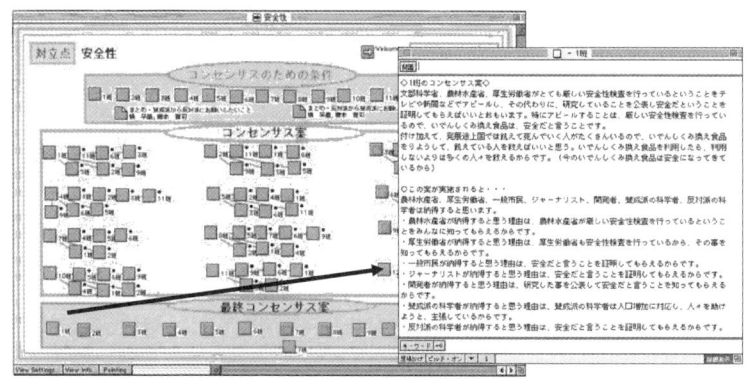

図1-4　Knowledge Forum（Web版）の画面および作成されたノートの例

いて撮影し，電子メール機能を用いてサーバに送信します。撮影した写真はweb上で共有することができ，教室ではそのデータをもとに検討を深める活動を行います。」

A君　「テクノロジを活用することで，知識の獲得を支援するだけでなく，児童生徒のやる気を高めるなどの効果も期待できそうですね。」

先生　「CSCLのプロジェクトでは，さまざまな分野や立場のメンバーが協力して，学習環境の開発とカリキュラムの開発とを並行して行うことが多いです。そしてその多くが，その単元で教えたことの概念的な理解に留まらず，自らの知識を改変していく力や，自分で問題を見つける力，モデル化や可視化によって現実を判断したり予測したりする力などの育成を，長期的な目標に掲げています。テクノロジを媒介として，そのための『学びの共同体づくり』(Brown, A.L.) をめざす，そういう研究が進行中だといえるでしょうね。」

A君　「現在の認知・学習研究は，認知心理学の出発点とも言える，情報処理モデルに基づいて構築されていたものから，ずいぶん変化しましたね。」

先生　「状況の中での学びや問題解決をはじめとする高次の認知過程についての研究が進展する中で，初期のコンピュータ・メタファーによらない認知研究が増加しています。脳と認知機能との関係を探る認知神経科学のほかにも，脳の構造と親和性が高いモデルを可能にするコネクショニズム，身体と認知の関係を解明しようとする身体性認知科学，人や人以外の動物の知的活動を互いに比較することを通して，知性の進化を考える比較認知科学や進化心理学が注目を集めています。現在の認知研究は，まさに百花繚乱の観を呈しているといってよいでしょうね。」

第1章のキーワード

情報処理モデル，行動主義，状況論，ボトム・アップ処理，トップ・ダウン処理，記憶，ワーキング・メモリ，知識，既有知識，問題解決，メタ認知，発生的認識論，新ピアジェ派，領域固有性，素朴理論，素朴概念，認知科学，学習科学，認知神経心理学，日常認知，社会的相互作用，協調学習，e-learning，CSCL，学びの共同体

◇本章で紹介したCSCLプロジェクトの詳細は，下記サイトで知ることができます（2005年10月現在）。
・国外サイト
　http://www.knowledgeforum.com/　……Knowledge Forum
　http://wise.berkeley.edu/welcome.php　……WISE
　http://www.letus.org/　……LeTUS
・国内サイト
　http://www2.kobe-u.ac.jp/~inagakis/undo.html
　……実践で使用したソフトウェア（再構成型コンセプトマップ作成ソフトウェア「Reflective Mapper あんどう君」）がこのURLからダウンロードできる。
　http://www.nhk.or.jp/rika4/ja/frame.html，その他
　……理科などの教育TV番組のサイトにおいて，登録制のインターネット掲示板を利用した学校間協働学習が行われている。
また，本章の図1-4については，当該研究者から転載の許可をいただきました。

【主要文献】

秋田喜代美・久野雅樹　2001　文章理解の心理学—認知，発達，教育の広がりの中で　北大路書房

Case, R.　1985　*Intellectual development: A systematic reinterpretation.* New York: Academic Press.

Driver, R., Guesne, E., & Tiberghien, A.　1985　*Children's ideas in science.* Open University Press.（貫井正納・鶴岡義彦他訳　1993　子ども達の自然理解と理科授業　東洋館出版社）

郷式　徹　2005　幼児期の自己理解の発達—3歳児はなぜ自分の誤った信念を思い出せないのか？　ナカニシヤ出版

波多野誼余夫・永野重史・大浦容子　2002　教授・学習過程論—学習の総合科学をめざして　放送大学教育振興会

波多野誼余夫・大浦容子・大島　純　2004　学習科学　放送大学教育振興会

波多野誼余夫・髙橋恵子　1997　文化心理学入門　岩波書店

稲垣佳世子　1996　概念的変化と発達　波多野誼余夫（編）　認知心理学5　学習と発達　東京大学出版会

稲垣佳世子・鈴木宏昭　2002　認知過程研究—知識の獲得とその利用　放送大学教育振興会
木村捨雄・東原義訓　2004　確かな学力を育てるITの先進的な教育利用　東洋館出版社
Koschmann, T., Hall, R., & Miyake, N.　2002　*CSCL2: Carrying forward the conversation*. Lawrence Erlbaum Association.
Linn, M.C., Davis, E.A., & Bell, P.　2004　*Internet environments for science education*. Lawrence Erlbaum Associates.
道又　爾・北崎充晃・大久保街亜・今井久登・山川恵子・黒沢　学　2003　認知心理学：知のアーキテクチャを探る　有斐閣
三宅なほみ・白水　始　2003　学習科学とテクノロジ　放送大学教育振興会
森　敏昭・中條和光(編)　2005　認知心理学キーワード　有斐閣
岡本真彦　1999　学校学習の心理と指導　北尾倫彦・林　多美・島田恭仁・岡本真彦・岩下美穂・築地典絵　学校教育の心理学　北大路書房　pp.49-86.
大津由紀雄・波多野誼余夫　2004　認知科学への招待—心の研究のおもしろさに迫る　研究社
Osborne, R., & Freyberg, P.　1985　*Learning in science : the implications of children's science*. Heinemann.（森本信也・堀哲夫訳　1988　子ども達はいかに科学理論を構成するか：理科の学習論　東洋館出版社）
Palincsar, A.S., & Brown, A.L.　1984　Reciprocal teaching of comprehension - fostering and comprehension - monitoring activities. *Cognition & Instruction*, **1**, 117-175.
齋藤　智　2000　作動記憶　太田信夫・多鹿秀継(編)　記憶研究の最前線　北大路書房　pp.15-40.
Siegler, R.S.　1986　*Children's thinking*. Prentice-Hall Inc.
鈴木宏昭・鈴木高士・村山　功・杉本　卓　1989　教科理解の認知心理学　新曜社
坂本美紀　2000　学習の理論と方法　多鹿秀継・鈴木眞雄(編)　発達と学習の心理学　福村出版　pp.150-162.
Vosniadou, S., Ioannides, C., & Dimitrakopoulou, A.　2001　Designing learning environments to promote conceptual change in science. *Learning & Instruction*, **11**, 381-419.
Vosniadou, S., & Brewer, W.F.　1992　Mental models of the earth: A study of conceptual change in childhood. *Cognitive Psychology*, **24**, 535-585.

第2章

知　　覚

　知覚とは外界の事物や事象を知ることである。"知る"機能は認知機能と呼ばれる。"知る"という場合には、たとえば、boyというつづりが英語であって、日本語で言えば少年の意味であると"知っている"ときに、この"boy"を見て"少年だ"と知る場合と、このつづりを初めて見てこれが日本語の少年の意味で使われる英語であると知る場合とがある。このほかにもいろいろな水準で物事を"知る"ことがあり、これらのすべての場合で「認知」という用語で呼ばれている。この章では、認知でも比較的知識の関わりの少ない水準の「知覚」について考えることにする。知覚は心理学の歴史の中では比較的古くから研究されてきている領域の1つで、知見も多い。また、知覚研究においては視知覚に関して多くの研究があるので、ここでは視覚に関わる事象を中心に考えることにする。最近では、実際には起こりえない事象をコンピュータで制御された画面を通じて、現実感のある視覚印象を生じさせることができるようになっている。コンピュータの心理学研究への導入によって、心理学研究が進むと同時に、人間の認知過程をコンピュータ上で実現しようとする試みがなされて、実用的な人工知能の研究が進んでいる。いわゆるロボットの入力過程は認知過程と深く関わっていることをこの章の後の方で少し考えてみよう。

　近年になって、情報科学の影響により、特に知的機能を中心として人間もまた1つの情報処理装置であると考えることが多くなっている。

第1節　知覚とは

　A君　「人間が情報処理装置だというのは、どんなところがそうなのです

か。」

先生　「私たちの周りには，本があったり，テレビでニュース番組が流れていたり，信号が青に変わって車が一斉に動き出したり，と，いろいろな事物があり，事象が生じています。本を読んだり，信号が変わって車を発進させたりするとき，まず，文字を見たり信号灯の色を見ています。これは，処理される材料（視覚刺激）が網膜（感覚細胞）に到達して神経電流に変換され，その信号（神経衝撃）は視覚神経路を通して脳の知覚中枢に送られて処理され，適切な行動が起こるように運動中枢に連絡される，という一連の情報処理を行っている，と考えるのです。そこには，やはり『プログラム』があって，特に問題がなければ『自動的に』事態が進行することになります。」

A君　「えーっ，ほんとうに脳の中にもプログラムが入っているのですか。」

先生　「これはアナロジーですが，『プログラム』に匹敵するものがあるはずだと考えられています。」

A君　「ところで，『知覚（perception）』はどうなっているのですか。」

先生　「一連の情報処理は『入力（input）』『処理（processing）』『出力（output）』という過程をたどりますが，人間の情報処理も同様に考えて，その最初の『入力』の部分を『知覚』と言うことができます。」

A君　「ロボットの場合，入力部分には『センサー』というものがありますね。」

先生　「そうです。それは，いわゆる『感覚器官（sensory organ）』のことです。」

A君　「先生，『知覚』はどのように定義されているのですか。『感覚（sensation）』とどう違うのですか。」

先生　「心理学が実験的に研究されるようになってしばらくは，『知覚』とは『感覚』を要素として合成されて，経験によって意味が付与されたもの，と考えられてきましたが，近年では知覚の要素として感覚をとらえるのではなく，知覚の簡単なものが感覚だと考えられるようになっています。詳しくは次節で説明しましょう。」

第2節　感覚と知覚と認知

　感覚・知覚・認知に関してそれらの間の相対的差異を知るには，広辞苑による定義が参考になる．
　感覚は，「光・音や，機械的な刺激などを，それに対応する受容器によって受けたとき，通常，経験する心的現象．視覚・聴覚・触覚・味覚・など」とあり，知覚は，「感覚器官への刺激を通じてもたらされた情報をもとに，外界の対象の性質・形態・関係および身体内部の状態を把握する働き」，また，認知には，「事象について知ること，ないし知識を持つこと．広義には知覚を含めるが，狭義には感性によらず推理・思考などに基づいて事象の高次の性質を知る過程」とある．これらの定義で，必ずしも明確に示されてないことは，「これらはすべて個人の内部で生じている主観的な事象である」ということである．

2.1　感　　覚

　A君　「表現上の違いはわかるけれども，抽象的でよくわからないので，もう少しわかりやすく言えないものでしょうか．『受容器』って何ですか．」
　先生　「『受容器（receptor）』とは眼球，内耳，舌などにある感覚器官のことで，それぞれの感覚器官に対応する刺激を神経インパルスに変換するもので，まさしくセンサーですね．光とか音圧のような物理刺激に対応するものを物理受容器，匂いや味のような化学物質に対応するのを化学受容器と言います．筋肉や関節にあって，筋肉の活動の程度や関節の動きを感知する受容器を『固有受容器（proprioceptor）』と言います．自分の腕がどこにあるかとか，手のひらに物を載せて重さを感じたりするときに働くものです．広辞苑の知覚の説明で『……身体内部の状態を把握する……』とあるのに対応します．」
　A君　「どうして『固有受容器』が知覚のところで出てくるのですか．」
　先生　「固有受容器を念頭においての記述かどうかも含めて，正確なところはわかりませんが，固有受容器が有効に機能するようになるまでには人間の場合，手や足の動作について練習していかないといけないので，感覚の水準より

知覚の水準で示した方がよいと考えられたのでしょう。」

A君　「それで，感覚について簡単にわかりやすく言うとどうなりますか。」

先生　「感覚とは，その内容的側面からは受容器が刺激されることによって直接的に生じる印象や経験であり，そうした印象の生成過程である，と言えます。空模様が暗くなり，強い閃光を感じ（感覚），次の瞬間（閃光を稲光と知覚して）耳を押さえる，という事例ではどうですか。」

A君　「なるほど。感覚があって次に知覚が生じているのですね。」

先生　「いいえ。はじめに言ったように，知覚の材料として感覚があるのではなく，閃光を感じると同時に稲光と知覚しているのです。」

A君　「わかりました。そうすると，感覚は心理学的にはあまり意味をもたないものでしょうか。」

先生　「いや，感覚という水準でも心理学的にいろいろなことが知られています。『見る』という感覚と『聞く』という感覚で生ずる印象はまったく異なりますね。このようなそれぞれの感覚独特の性質をモダリティ（modality）と呼んで，色の違いや音の高低のような違いとは区別されます。感覚の受容器がそれぞれ異なっていますから，それぞれの感覚の印象の間には何らかの関係があるとは思えませんね。しかし，『黄色い声援』と言われることがあります。これは文学的表現であって現実的ではないように思われますが，現実に少なくない人たちは音を聞いてありありと色が見えると言います。こういう現象を『色聴』と言います。色聴のように，1つの感覚に異なるモダリティの感覚経験が同時に生ずる現象を『共感覚』と呼んでいます。服飾や室内装飾などで使われている寒色系とか暖色系という言葉は共感覚と関係していると言えます。肌寒さや暖かさを感じる色は確かにありますね。」

A君　「ほかに，感覚で何か面白いことがありますか。」

先生　「刺激の程度（刺激量）と感覚の強さまたは大きさ（感覚量）との間には，ある程度の範囲内の刺激については，感覚に違いの生ずる差異（弁別閾）を基にすると感覚量は刺激量の対数関数となっている（フェヒナーの法則），刺激に対する感覚の大きさを直接に判断させると感覚量は刺激量の指数関数となっている（スティーヴンスの法則）と言われています。いずれにしても刺激

量と感覚量とは直線関係にないということです。つまり，刺激が物理的に2倍の強さになっても感覚の強さは2倍にはならないということです。」

　A君　「感覚量と刺激量との間の関係は，対数関係と指数関係と，どちらが正しいのですか。」

　先生　「さっき言ったように，感覚の測り方が違っているからそのようになっています。前者が間接的に感覚量を測っているのに対して，スティーヴンス (Stevens, S.S.) ではマグニチュード推定法という方法で直接感覚量も測っている，という違いが現れています。」

2.2　知　　覚

　A君　「広辞苑の知覚の説明に，『……情報をもとに，外界の対象の性質・形態・関係および身体内部の状態を把握する働き』とありますが，外界の対象の知覚の場合その性質，形態，関係だけを把握することなのですか。」

　先生　「外界の事物・事象が知覚される場合に，その内容をその3種の言葉で表現しているのでしょう。『性質』というのはその対象の本質とか質的内的な特徴を意味し，『形態』は対象の外面的特徴を意味し，『関係』という言葉で事物や事象の間での時間的空間的な特徴をさし示していると考えるとほとんどのことが含まれるのではないでしょうか。」

　A君　「………。」

　先生　「つまり，『それは何々である』とか，『今日は別人のように見える』とか，『もう5分くらい経った』とか，『物理的には直線なのに湾曲して見える』とか，『薄い雲間をお月さんが勢いよく通過しているように見える』などが知覚という現象です。」

　A君　「知覚は感覚器官を通じて生じる現象だとすると，『5分経った』と感じる感覚器官はどこにあるのですか。」

　先生　「いい質問です。時間経過の知覚を『時間知覚』と呼んでいますが，奇妙なことに時間を直接的に感ずる感覚器官は存在しません。受容器がないのになぜ知覚なのかというわけですね。

　生物には概日周期と呼ばれるリズム（このメカニズムはたんぱく質の生成と抑制によって生じているとされるが，完全には解明されていない）があって，

『体内時計』(時計の機構として，哺乳類では視交叉上核〈両眼からの視神経が交叉しているところの少し上の神経核〉が確認されている) が1日おおよそ24時間の周期でリズムを刻んでいると言われています。このリズムを参照しているのかもしれません。このように，知覚の対象を直接感知する器官のない知覚がほかにも存在します。たとえば，運動する対象Aが静止している対象Bに近づき接触して停止し（A'），対象Bが動き出して止まる（B'）とき，条件が整うと『対象Aが対象Bを動かした』という直接的な印象が生じます（図2-1参照）。これを『因果関係の知覚』または『因果知覚』と言います。これは知覚と言うより『認知』と言った方がよいかもしれませんが，かなり昔に研究されています。同様に，いくつかの刺激・情報を総合して『運動』や『奥行き』を知覚します。さっき言ったお月さんが雲間を通過しているように見えるのは，実際は薄い雲が月の前を通過しているのに，雲の方が止まっていて月が運動しているように見えるのです。このように知覚される運動を『誘導運動 (induced motion)』と呼んでいます。

　人間の知覚には興味深い特徴があり，長い研究の蓄積があります。後ほど，そのいくつかを取り上げてみましょう。」

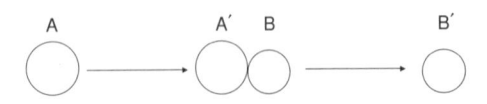

図2-1　因果関係の知覚
Aが動いてA'に達したとき，Bが動き出してB'に達するのを見たとき，AがBを動かしたように見える。

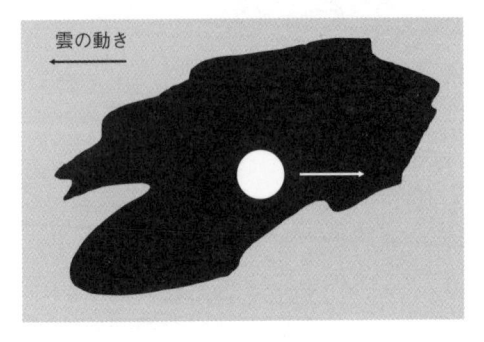

図2-2　月の誘導運動

2.3 認　　知

　先生　「さっき，因果知覚と名づけられているけれども認知でもいいと言いましたが，違いがわかりますか。」

　A君　「なんとなくわかるような気がしますが，……。認知の広辞苑の定義では『知ること』とか『知識を持つこと』とありますね。」

　先生　「そうですね。知覚の場合は直接的に引き起こされる印象であるのに対して，認知は既存の経験や知識などを媒介にして引き起こされる印象，と言うことができますね。因果関係の把握ということは認知そのものですが，事象の間に因果的な関係が『直接的に意識される』ので知覚に入れてもよいのだと，この現象を研究したミショット（Michotte, A.E.）という人は言っています。」

　A君　「典型的な認知の事例はどんなものですか。」

　先生　「人の顔を見ていろいろと知ることがありますが，その多くは『認知』と言っていいのではないかと思います。西洋人では，顔を見ただけで日本人か韓国人か中国人かを区別できる人は多くはありませんが，これら3国の人たちの間ではそれぞれに区別がつくことが多いと言われていますね。また，久しぶりに出会った人の顔を見て，ちょっとやせたように見えたり，見違えるようにきれいになったと思ったりして，『どうしてましたか』と思わず問いかけてしまうことがあります。さらに，この人は，怒っているとか，不審に思っているとか，歓迎の言葉を述べているけれども顔はそれほど歓迎しているようではないと感じたり，などなど。4コマ漫画を見て，思わずふきだしてしまうのは，かなり複雑な認知のプロセスをたどっているのでしょうね，きっと。」

　A君　「なるほど……。認知には，いろいろな水準があるようですね。」

　先生　「そうです。事態に直面して知覚に近い水準で『たちどころにわかる』こともあれば，説明を聞くことで『なるほどとわかった』り，腑に落ちるということはないけれども論理的な操作が正しいので『そうなのだろうとわかった』りしています。このあたりになると『思考』と言ってもいいような事象ですね。」

　A君　「認知の研究は面白そうですが，難しそうですね。『認知』ということで知っておかないといけないことってありますか。」

　先生　「そうですね。留意点を挙げてみると，『認知』が機能するところに

は，多少とも知識が必要になること，多少とも論理的な操作が必要になること，したがって，発達の側面があること，また，人は状況がまったく同じであっても以前と同じように反応するとは限らないこと，つまり，そのときの気分や直前の経験などによって，以前とはまったく異なった反応をすることもあるということ，でしょうか。……重要なことを残していました。たとえば，『問題』に直面したとき，簡単には解決できないとわかると『似たような問題』を思い出してその解決策を試みる，しかしうまくいかない，どこが違うのかを見つけて解決方法を少し修正してまた試みる，これらを順に1つずつチェックしながら，このやり方でいいかどうかを考えたりする，というようなことが起こります。これ自体は問題解決ですが，問題を解決するために考えているその過程について，つまり，これがだめなら次はこれで考えよう，など自分の思考過程をコントロールしているところがあることに気づきます。認知という機能が働いているその過程について認知していることがわかります。後の方の，認知過程を認知する機能を『メタ認知』と言います。なんだかややこしい話ですが，認知の機能を研究していくうえでは重要な概念です。」

第3節　知覚の研究法

　先生　「A君，科学といえば，対象を客観的に取り扱う学問ですね。心理学も科学の一分野として研究されています。さっき，『知覚』は個々人の内部で生じている主観的な経験である，と言いましたが，そんな事象を科学がどのようにして取り扱っているか，不思議に思ったことはありませんか。」

　A君　「あまり深く考えたことがなかったのですが，そういえば，他人が見たり，考えていることを外から見ることはできませんね。主観的な世界をどのように取り扱っているのですか。」

　先生　「心理現象を定量的に取り扱う方法はいろいろと工夫されてきました。その最初の段階は知覚の領域で，『見かけの (apparent)』大きさ，長さ，強さなどを比較判断させることで数量化を試みました。こうして確立された方法の1つが『精神物理学的方法 (psychophysical methods)』と呼ばれるものです。」

3.1 知覚の測定のための基礎

A君　「精神物理学とは仰々しい名前ですね。実際にはどんなものですか。」

先生　「精神物理学という用語は，100年以上も昔にフェヒナー（Fechner, G.T.）という物理学出身の心理学者が精神と身体の関係について精密な理論構築をめざして名づけたもので，その方法には物理学の科学的な実験法と数学的な処理法が導入されています。

　2つの刺激の差異が区別できることを『弁別』と言います。弁別できるぎりぎりの刺激の質的・量的差異を『弁別閾（difference threshold）』または『丁度可知差異（just noticeable difference）』と言います。言い換えると，差異があると感じ取れる2刺激の最小の量的または質的差異を測定することです。フェヒナーはこれを科学的に，つまり，物理学的に測定する3つの方法を提案しました。それらは発展的に整備されて，調整法，極限法，恒常法として確立されました。」

A君　「なんだか，聞き慣れない，難しそうな名前が出てきますね。」

先生　「そうですね。3つの方法を説明する前に，共通して用いられる基礎的な用語について説明しましょう。まず，『標準刺激（standard stimulus）』は知覚判断する際に基準となる刺激のことで，1つの判断を求めている間は一定に保たれています。これに対して，判断する対象となる刺激を『比較刺激（comparison stimulus）』と言います。これは，変化させて提示しますので，『変化刺激』とも呼ばれることがありますが，標準刺激も観察条件に従って系統的に変化させることがありますので，適切な表現とは言えません。ある比較刺激が標準刺激に等しいと判断されたとき，その比較刺激の値を『主観的等価値（または点）』（PSE, point of subjective equality）と言います。言い換えると，主観的等価値とは『標準刺激と感覚的に等しい効果をもつ比較刺激の物理量』です。それでは，3つの方法を簡単にみることにしましょう。」

3.2 精神物理学的方法

　調整法（method of adjustment）とは，観察者が比較刺激を自由に調節して，教示された感覚状況となったと判断する（たとえば，標準刺激と大きさが等し

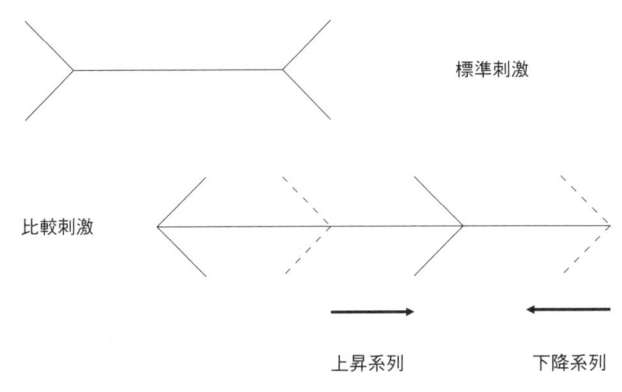

図2-3 調整法
上昇系列の場合，比較刺激を明確に短く見えるところから徐々に長さを調節して標準刺激と同じに見えるところで止めて，その長さを測る。下降系列の場合は明確に長いところから始める。

いと判断する）その比較刺激の値を求める方法である。この方法は，簡単で時間もかからないという点で長所とされるが，観察者の作為や予想が入り込む可能性があるなど，方法として厳密ではないと言われる。観察者のPSEを簡便に求めるにはよい方法であるが，刺激閾（刺激を感じる限界の刺激値）や弁別閾を求めるには不向きだと言われる。

　極限法（method of limits）とは，実験者が比較刺激を段階的に変化させて

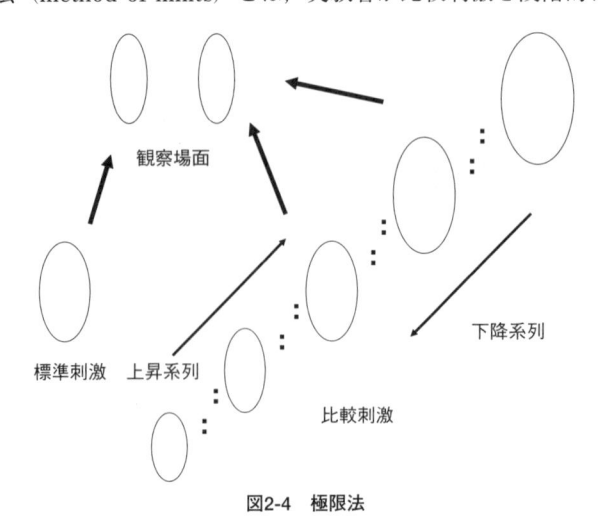

図2-4 極限法

提示し，教示された感覚状況となったと判断する（たとえば，標準刺激と見かけ上同じ長さとなっていると判断する）その比較刺激を特定して，その値を得る方法である。比較刺激の提示の際，標準刺激と比べてと短い，または長いとされる比較刺激から提示して，順に長く，または，短くなるように提示する（前者を上昇系列と言い，後者を下降系列と言う）。こうして，調整法で生じるとされる『予想』の影響という短所を克服しているが，恒常法ほどではないとされる。また，調整法より時間がかかるが，恒常法ほどはかからないことなどから，調整法と恒常法の中間的な方法とされる。この方法では，PSEはもとより，刺激閾や弁別閾も測定できる。

恒常法（constant method）とは，極限法のように段階的に変化する刺激を，4から7個，準備しておき，観察者には知らされない順序で，各刺激について50〜200回，その刺激だけで，あるいは，標準刺激に対してそれが教示された感覚状況であるかどうかを判断する方法である。標準刺激と比較させる場合には，両刺激を同時に提示する場合と継時的に提示する場合がある。同時提示の場合には標準刺激を左に出して比較刺激を右に提示する，その逆の配置など，空間的な配置を考慮することもある。継時提示の場合には，標準刺激を先に出すか後に出すかということも問題となることがある。また，比較刺激の個数や変化の段階は予備実験で調べておかないといけない。判断の回数が多いということで，時間がかかるが，より厳密な様式でPSE，刺激閾，弁別閾が測定さ

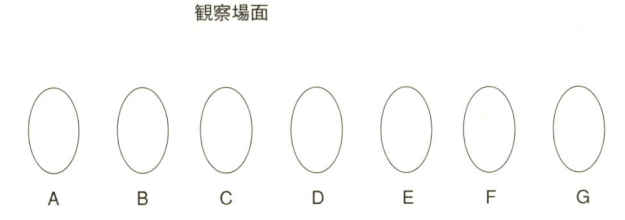

観察場面

A B C D E F G

図2-5 恒常法
観察場面では，下の材料から2つ取り出す組み合わせのすべての対を比較する。

れる。

3.3 その他の心理測定法

　以上のような物理的に定義できる刺激が用いられない場合の知覚判断で利用される方法として，一対比較法と評定尺度法などがある。これらについて簡単に紹介する。

　一対比較法（method of paired comparison）とは，たとえば，2000cc 以上の排気量のワンボックスカーの数種について，その好き嫌いの程度を測る，というような場合に用いられる。これは，基本的にすべての刺激材料の対を準備して，各対において指示された条件で比較判断してどちらかの刺激を選ばせる，という方法である。個人について測定するときには，条件を変えるなどして，刺激材料対のすべての組み合わせで多数回比較判断させる。ある種の被験者群で測定する場合には，それぞれの被験者にすべての刺激対について1回だけ判断させてデータを得る。いずれの場合でも各刺激について，それがほかの刺激と比べて上位にあると判断された回数と比率を求め，尺度化を図る。こうして，各刺激について1次元の尺度上の値を求める。

　評定尺度法（rating scale method）とは，中断されてない連続体上に順序づけられたカテゴリーに観察対象を直接割り当てさせ，最終的には個々の観察対象に尺度値を付与するというものである。カテゴリーへの割り当てに関して，いくつかの区分がなされる。たとえば，『非常に○○』を5，『どちらといえば○○』を4，『どちらともいえない』を3，『どちらかといえば○○でない』を2，『まったく○○でない』を1，として評定させる方法を数値尺度法と言い，これらを，＋－－－－＋－－－－＋－－－－＋－－－－＋　という図式上において評定させる方法を図式尺度法と言う。この評定尺度法は，評定者にとって反応が簡便であるため，いろいろなところで用いられる。しかしながら，この方法には，いくつかの問題点が指摘されている。評定者と対象との関わりによって評定が寛大に（逆に厳しく）なる傾向がある，いわゆる後光効果（光背効果とも言う。判断対象の一部に優れた〈または望ましくない〉特徴があるとき，そのことが対象の全体の評価に影響を及ぼすこと）をもつ傾向がある，判断が中心化する（評定の中ほどにかたまる）傾向があるなどが指摘されている。さ

らに，誤差として，論理的誤差，対比誤差，近接誤差などがギルフォード（Guilford, J.P., 1971）によって指摘されている。

　先生　「知覚の研究法についてざっとみてきましたが，これらの方法を用いて，また，指標と呼ばれる間接的な事象を用いて，知覚の研究が行われてきています。そしてこれまでに多くの知見が得られています。A君はこれまでの経験から知覚のどんなところに関心がありますか。」
　A君　「目の錯覚で，ものが実際とは違って見えること，夢を見ること，エッシャーの奇妙な絵のこと……。」
　先生　「錯覚（illusion）というのは，物事が間違って知覚されることを言いますが，めったやたらに間違えるのではなく，多くの人がだいたい同じ傾向で間違えるという場合には，心理学の対象となります。錯覚については，後で詳しくみることにしましょう。エッシャー（Escher, M.C.）の絵は立体的に描く技法を部分的に利用しながら，全体としてのまとまりを欠いているので，奇妙に見えるのでしょうね。右の図はペンローズ（Penrose, L. S.）によって最初に示されたそうですが，奇妙な印象を与える図形です。これらは，人間の奥行きの知覚と関係しています。これも後ほど考えてみましょう。夢についてですが，これは厳密には知覚の問題ではないですね。はじめに定義したように，知覚とは

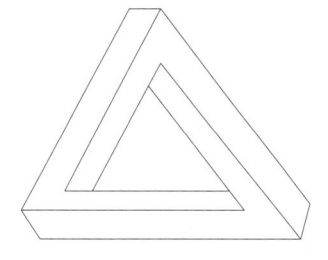

図2-6　ペンローズによる不可能な三角図形

刺激によって直接的に引き起こされる印象およびその過程であるとすると，ふつうは刺激となるものが見あたらないから知覚とは言えないと考えます。しかし，実は，刺激となるものがそこにはないにもかかわらず，『ありありとものが見えるとか，聞こえる』という現象があり，これを幻覚（hallucination）と呼んで，知覚の病的な状態と考えることがあります。また，幻覚と夢はともに脳で引き起こされる事象だと考えられていますが，夢の研究ではわずかな外部刺激が引き金となっているとも言われています。だからといって，夢は知覚現象とは言えないように思います。その刺激の理由づけを行っている節がありま

すので，どちらかといえば認知活動と言う方が当たっているでしょう。

ともあれ，知覚の研究は比較的長く行われており，いろいろとわかってきていることがありますので，それらについて以下にみていきましょう。」

第4節　図と地

4.1　図と地

　先生　「A君は，『幽霊の正体見たり枯れ尾花』というフレーズを聞いたことがありますか。」

　A君　「知ってます。幽霊だと思っていたけれど，よく見ると枯れたススキだった，という話ですよね。」

　先生　「そうです。一様に暗くなった状況で，その暗い中にぼんやりと何かしら形が見える，手招きしているように見える，ということで幽霊が見えるのですが，それは風にそよぐススキの穂であった，ということですね。このように，一様な視野に何かしらの形が見えるときにそれを『図』と言います。一様な視野が『図』と背景となる『地』とに分化すると考えて，この関係を組織的に研究した人がいます。80年も昔のことですが，『ルビンの杯』という有名な絵となって名を残している人です。」

　A君　「あぁ，知っています。杯の絵と，人が向かい合っている絵が一緒になっている絵ですね。」

　先生　「そうです。これは，特定の事物を連想させない図形（曲線で構成された無意味な図形）を提示して研究する中で，輪郭線はなく境界しかない同じ刺激図形を観察しても，図形の内部に注目して反応する人と，図形の外側に注目して反応する人がいることに気づき，そして，同じ人でもその両方が交代して生ずることに気づいたことと関係しています。一連の研究で，ルビン（Rubin, E.J.）は，この絵には杯の絵と人が向き合っている絵という2つの領域があり，領域の境界線は図に属

図2-7　ルビンの杯

して把握され，図となる領域は『形』という性質をもち面的で浮き上がった印象を与え，地となる領域は図の背後に一様に広がっているように見える，と言っています。このことは，この絵を見て，杯が見えているときには，人が向き合っているという印象はまったく生じないし，人が向き合っているように見えているときには杯の印象はまったく感じられない，という経験をうまく説明しています。このように1つの図形で図と地が反転して知覚される図形を図-地反転図形と言います。もっと一般に1つの図形が異なって把握される図形を反転図形と呼んでいます。これまでいろいろな反転図形が提示されてきています。

右の図『マッハの本』は簡単な図形ですが，中央の綴じてあるところが手前にあるように見えるか，本を開いているように見えるかというところで反転が起こります。視点を変えるだけで反転が起こることもあれば，『構え』といういわば『予断』が働いて図形の反転が生じにくいこともあります。それぞれの反転図形において2つの図形の現れ方が等しいとは限りません。」

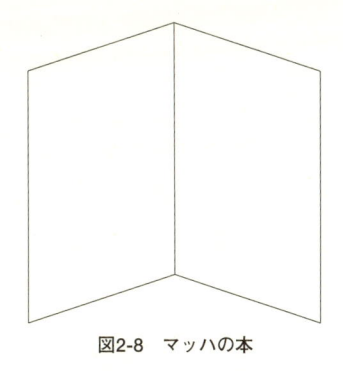

図2-8　マッハの本

　A君　「なぜ，杯と人の横顔が交代して見えるのですか。なぜ，一方が見えると他方が見えなくなるのですか。」

　先生　「それは次の項で考えましょう。」

4.2　知覚と注意

　先生　「2つの質問は，1つのメカニズムで説明できるかもしれません。それは，『注意』という機能を考慮することによって説明できるからです。一般に，『注意』には，何かの対象に意識を集中するという選択的注意と，何が起こるかと警戒しているという場合のように脳の活動水準を高めるという注意，この2つの側面があります。前者の注意機構と関係づけて反転図形の把握を考えてみましょう。まず，なぜ一方が見えると他方が見えなくなるのか。ルビンの杯の絵の場合，『杯』が見えているということは『杯』に注意しているということで，それは，その『杯』の形はもちろんのこと，そのものが『杯』であ

ると知ることに関わるいろいろなことに意識が焦点づけられているということです。そしてその対象図形が『杯』と意識されればされるほど，対象図形にある『杯』以外の情報については意識の外に追いやられてしまうので，『人の横顔』は意識されなくなるのです。これは，一般的に注意が何かの事物・事象に焦点づけられ，そして，その焦点づけの程度が強いほど，その事物・事象以外のことに対する意識の程度は低下することが知られており，この事実と対応して考えることができます。

　なぜ，交代して見えるのでしょうか。ルビンの杯の絵の全体に注意が向けられているとき，『杯』の形が顕著な特徴として把握されるのですが，『杯』の台の下方部分だけが注目されると，そこに人の横顔のシルエットが顕著な特徴として浮かび上がってくるのです。注目する部分を交代させると，印象が顕著に交代することがわかるでしょう。台の下方部分に注目しても，それは杯の一部だと思っている限り，人の顔は見えてこないでしょう。このことが，反転図形においては，同じ比率で図形が現れるとは限らない理由です。全体像がそれほど明確でない場合に，その中の一部分に注目することで，つまり，その部分について何らかの意味づけをすることによって，全体像が意味あるものとして把握されることになります。いわゆる『観点を変える』ということの知覚版だと言えますね。」

　A君　「言われてみると，そんな感じがします。でも，注意が向けられるところによって全体の印象が変わるようですが，その注意はどのようなメカニズムでそこに向けられるのでしょうか。」

　先生　「鋭い質問ですね。やはり，刺激材料の全体がざっと処理されて，この場合適切な注視点はここだろうと視点が移されてその適切性が判断されるのでしょうね。この機序の詳しいことは，前章や第4章での説明を参照してください。

　ここではもっと一般的に，知覚という現象は極めて選択的である，つまり，注意が向けられた事象については知覚するがそうでなければ意識にのぼらない，ということを示しておきましょう。

　これは感覚の水準でも生じる現象で，たとえば，パーティなどざわざわと騒がしい中でその騒音よりはるかに弱い音圧で人と立ち話ができる，ということ

があります．時には耳を寄せるなどの行為が必要な場合もありますが，だいたい会話を維持できるものです．そうした話をしている最中に，遠くの方で誰かが『自分の名前を呼んでいる』ことに気づくこともあります．声の響きでそれが誰であるかがわかることもあります．談笑している相手に注意を集中していて，周りのざわざわとした音を感覚的に抑制しているにもかかわらず，自分の名前という特殊な音声に関しては感度が下げられておらず知覚され，さらには，誰それの声と判断している，というわけですが，これは，注意していないといっても，たとえばラジオでボリュームを下げてしまっているようなことではないことを示しています．このパーティの日には懐かしい友達に会えるかもしれない，という気持ちがあった場合には，騒がしく人々が行き交う中で談笑しているときにチラッとその人らしい姿が視野を横切るのに気づいて，一瞬会話が途切れて，その人の後ろ姿をじっと見る，というような経験をしたことはありませんか．あるいはそのようなことを誰かに聞いたことはありませんか．」

　Ａ君　「そのような経験があります．これまで不思議とも思わなかったのですが，不思議ですね．どうしてそうなるのですか．」

　先生　「知覚そのものもそうなのですが，注意の機序にもまた，ある種の準備がなされていることがあるということです．『構え』と言います．」

4.3　知覚と構え

　Ａ君　「『構え』って？」

　先生　「英語でsetと言いますが，一般的には，行動を起こすときその人の内部に生じている準備状況と言っていいでしょう．知覚する際の準備状況で，知覚の定義からして予想されることですが，もっと操作的に考えられる概念です．

　ある種の準備状況で知覚する場合，知覚印象が『構え』に影響されるということです．この『構え』は意識的とは限らずに生じて，それが知覚判断に影響していることが少なからずあるとされています．野球でホームベース上のきわどいプレーが，アウトと見えるかセーフと見えるかはどちらのチームを応援しているかで決まることがあります．また，あいまいな図形を見たとき，どういう構え・文脈に置かれたかによって見方が変わってしまいます．たとえば，

40　第2章　知　覚

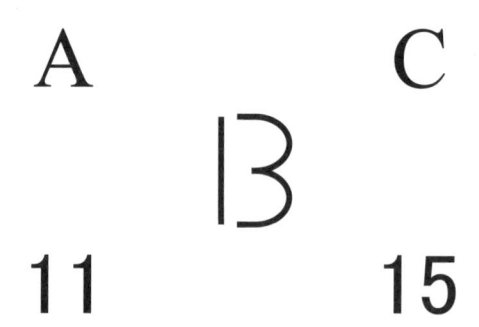

A　　　C
   13
11　　　15

図2-9　中央の文字の見え方
A, Cを紙で隠してみる，11, 15を隠してみる。

13という数字があってこの文字間がもう少し詰められている，図2-9を参照してください。この文字列を，数字を取り扱う中で見る（A, Cを紙で覆う）と13と数字に見えますが，アルファベットを取り扱う中で見るとBと見てしまいます。」

　　A君　「その例は見たことがあります。確かにそんなとらえ方をしていると感じますね。」

　　先生　「さらに下の図には，若婦人と老婦人が描かれていますが，どちらも見えますか。」

　　A君　「エーッ。老婦人も描かれているのですか。」

　　先生　「若い人には，老婦人が見つけにくいようです。じっくりと観察してみてください。」

(a)　　　　(c)　　　　(b)

図2-10　老婦人と若婦人
(a)は若婦人，　(b)は老婦人を示した図

A君　「……。」

先生　「これは先の例とは違って，観察者の関心のあるところに関係しています。それでも，老婦人に関係する情報を先行して提示するなどして，先の例のように文脈を作ってこの図を観察させると，ほとんどの人は『若婦人』を見落としてしまいます。これは，『構え』を作ることで，予断を与える，と言うことでもあります。」

A君　「予断といえば，裁判……？」

先生　「裁判に限らず何か重要な判断をする場合に，予断をしてはいけないと言われますが，残念ながら，巧妙に質問して答えさせながら『構え』を形成しておいて，ある材料を提示してそれが何かを問うことで決定的な証言を得る，というようなことが起こらないとも限りません。これは，アメリカの裁判を取り扱った映画の中で見られる光景ですね。」

第5節　形の知覚

5.1　形

先生　「前の節で，『図』が意識されるときにはそこに『形』が把握されていることを紹介しました。A君は『形の知覚』と言うとき『形』という言葉をどのように定義しますか。」

A君　「うーん……。『形』という場合には，三角形，五角形，楕円形などと呼ばれるものが思い浮かべられますので，外見上の特徴……かな。色は違うから，色を除いた外見上の特徴，とします。」

先生　「なるほど。外見上といって視覚的に定義しましたね。確かに物体と言われるものは，形をもっていますね。それは，視覚的ばかりでなく，触ってみて形のわかることがありますね。もっと言うと，見えないし触ることもできないけれども，形がありそうな例として，『形ばかりの挨拶をして……』などと言う場合はどうでしょう。音楽においても形式と呼ばれるものがありますね。それらを含めて，形とは『複数の要素が集まって，構造的に特徴をもつもの』というのはどうでしょう。『構造的に特徴』を『特徴的なまとまり』としてもよいかもしれません。『外見上』というのを抽象的に解釈すれば同じになる

かな。」

A君　「何気なく言葉を使っていますが，考えると難しいものですね。」

先生　「そうですね。……ところで，A君は，北斗七星を見つけることができますか。こぐま座はどうですか。ほかの星座はどうですか。」

A君　「北斗七星ならわかると思います。こぐま座は尻尾が北極星でしたね。なんとかわかるような気がしますが……。ほかの星座はほとんどだめです。」

図2-11　北斗七星

先生　「私も同じです。星座の同定を多くの人ができないのは，中心となる恒星とわずかな星を材料にして星座の主を想起する想像力と，多くの星座の起源となっているギリシャ神話についての知識をもっていないからでしょう。しかしながら，いくつかの星（点）に注目して，そしてほかの星が暗くてほとんど見えないという状況では，それらの星を結んで星座の主はともかく『形』を知るということは，さほど難しいことではないでしょう。つまり，黒い紙にいくつかの白い点がつけられたとき，それらの点を交わらないような線で結んで1つの図形（不規則な多角形）を作ったとき，そこに形を見ることはたいていの人にできることです。このような，見たこともないような形であっても，いくつかの線で囲まれている面があると形が見えるものです。」

A君　「そういえば，人間の頭，手，ひじ，肩，腰，ひざ，足の甲にランプをつけ，暗闇で点灯していくらかの運動を行うと，いくつかの点の集まりでしかないのに特定の運動をしていることがはっきりとわかりますね。そんなビデオを見たことがあります。」

先生　「それは，ヨハンソン(Johansson, G.)の研究ですね。その事例でいうと，ま

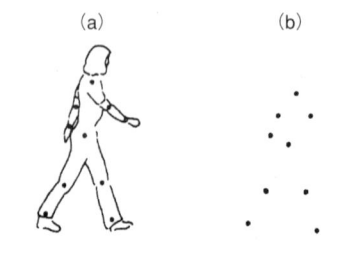

図2-12　生物学的運動知覚の例

ず13個の光点の集まりが，それらの間に線がなくても，1つの『形』を知覚させており，それらの個々の光点が時間とともに一見不規則に移動しても『形』の本質は同じもの（個々の光点は身体のそれぞれの部分に対応した同じ点）であると把握して『運動』の印象（生物学的運動知覚）が生じているのです。この場合，個々の光点の全体的な位置関係は見かけ上かなり異なったものとなっているにもかかわらず，同一の物体の運動に由来する光点の移動である，という『形』の把握があると考えられます。運動の知覚のもっと詳しい説明は後ほど（p.66参照）にして，ここでは『形』が認められる条件を考えることにしましょう。A君は『形』が知覚されるための条件は何だと思いますか。」

A君　「先のビデオの例ではないけれども，一般的には輪郭線が必要ではないでしょうか。」

先生　「ビデオの光点の動きの例もそうですが，ルビンの杯の場合でも輪郭線はありませんから，輪郭線は必ずしも必要とは言えないかもしれません。しかし，直感的には輪郭線は必要なようですね。ランダムな多角形を用いて形の心理学的属性が検討されたところ，集約性，複雑性，対象性という3次元が見出されました（Kikuchi, 1971）。また，このような非日常的な図形ではなく，日常的な図形をコンピュータで系統的に変化させられた図形を刺激としてSD法によるデータを多次元尺度法で解析した結果，複雑性，規則性，曲線性という3次元の属性が認められています（大山, 2000）。これらは，視覚図形で輪郭線をもつ図形という材料を用いたときの『形』の心理的属性と言うことができます。」

A君　「曲線性というのは視覚的ですね。他にはないのでしょうか。」

先生　「文字などは傾いていても同定できます。さかさまになると1文字単位では何とか読めますが，単語にな

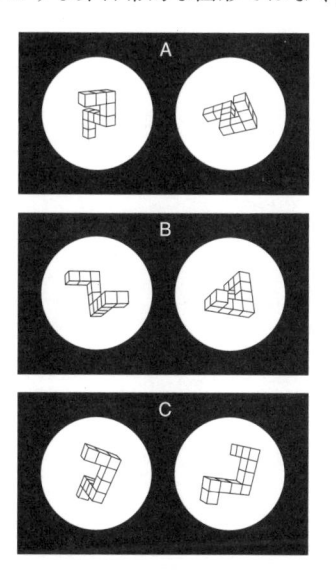

図2-13　メンタルローテーション実験の刺激

るとわかりづらくなります。図2-13のようにちょっと複雑な立体図形を平面的に，あるいは，立体的に回転させた図形と，回転前のもとの図形，もしくは，よく似ているけれどももとの立体図形ではない図形のどちらかを提示して，2つの図形の異同を判断させると，回転角度に比例した判断時間が必要であるというデータがあります（Shepard & Metzler, 1972）。このような幾何学的図形でなく，地図や人などのシルエットのような図形だと90度回転するだけでもまったく異なって把握されることもあります。『形』としての特徴の把握に関係しているのでしょう。ですから，日常性の高い刺激材料では，上下次元は重要な属性となっていることがあります。一般に，人の顔の場合，上下が逆転した顔では人物の同定がとても困難となります。そういえば，最近の『Newton』（2004年12月号，34ページ）に，目と唇の部分だけを上下さかさまにして，ほかの顔の部分は正常に描いた絵を，全体として（顔の輪郭を）さかさまにして提示すると，そのさかさまの絵は『普通のさかさまの顔』に見えるのですが，顔の輪郭を正常にしてみるとさかさまで見た顔とはかなり異なった顔が見える，という絵が載っています。この記事の文脈とは異なりますが，顔のような視覚材料での上下の方向の重要性を感じ取ることのできる材料でしょう。」

　　A君　「傾いていたり，回転された図形がもとの図形と同じと判断されるのは，なぜですか。」

　　先生　「複雑な図形では，先に紹介した研究では，図形を心の中で回転させて同じか違うかを判断しているのかもしれませんが，文字のような形だと一瞬にしてわかります。この場合には，それぞれの文字の基本形のようなもの（プロトタイプ）が記憶の中にあって，それと照合しているのでしょう。だから，回転だけでなく，少々ゆがんだ文字図柄でも基本形の変形として，裏返し文字図柄は裏返し文字として，把握されるのでしょう。」

　　A君　「形というのは面白いですね。」

5.2　まとまり

　　先生　「さっきありました，北斗七星の話ですが，たいていの人はこの言葉でこの星座を同定していますね。7つの星の配置に対して，柄杓型に線を入れることでイメージがはっきりします。しかし，この7つの星を頂点とする多角

形を描いたとき，この7つの星のイメージはがらりと変わってしまいます。つまり，7つの頂点をもついろいろな多角形の1つ，という不安定な点の配列にしか見えなくなります（図2-14参照）。一方で，柄杓

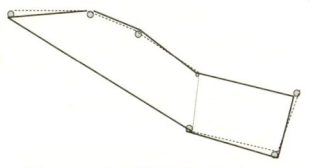

図2-14　非柄杓星型の北斗七星

型に線を入れることがなくても，北斗七星のことを知っている人にはこの星の配列は安定したものとなっています。このようにして，いくつかの材料が集まって安定した『形』の印象を与えるとき，『まとまりがある』と言います。

　実は『まとまり』というのは視覚上ばかりではありません。こうして，話をしているとき，単語を単位とした音のつながりをそんなに意識せずに音声化しています。そして，聞いている人は，ひとまとまりの音列を意味のある単語として把握していきます。こうして会話が成立するのです。外国語学習の初心者の場合には，音声のつながりにおいて，意味あるひとまとまりの音列，つまり単語に区分することができないために，聞き取ることが困難となるのでしょう。実は，単語に分かれて聞こえるということは，話されている音の列について意味的な処理が行われていて，また，単語の予測が生じているのでまとまりのある音列として聞こえるのだと考えられます。違った例では，音楽で，いわゆるテーマフレーズがあって，それが何度か出てくるということがよくありますが，このフレーズというのはやはりまとまりのあるものと知覚されていますね。

　こうした『まとまり』の要因について視覚材料を用いて研究がなされています。『群化の法則』としてまとめられています。」

　A君　「群化って？」

　先生　「英語で，groupingです。グループができるその法則ですね。『体制化の要因』とも言います。」

5.3　群化の法則

　先生　「ゲシュタルト（Gestalt）学派の心理学者は，ものが把握されるとき，『それを構成する個々のものがそれぞれ知覚されて，それからそれらを材料として全体像が知覚される』，と言うのではなく，個々の材料は分節的には知覚されるけれども，『その構成要素がもつ特性や位置関係などを含めた全体

が，全体として把握される』のだと考え，そして，全体としてまとまっていると把握されるとき，そこにはある種の原理が働いていると言います。そしていくつかの原理が提示されています。その第一は，『近接性の原理（principle of proximity）』です。物理的に，つまり，空間的・時間的に接近しているものはひとまとまりのものと把握される傾向にある，という原理です（図2-15参照）。人がたくさん集まっているところで，3人とか5人とかがそれぞれ接近して立っているとき，そこにそれら2つの集団があるように見えます。よく見たら，2つの集団ともにそれぞれの人はそれぞれに背中を向け合っていて，いわゆる仲間グループがいるとは思えないような事態であっても，視覚的には2つの集まりが見えてしまうものです。このようにしてまとまる原理を近接性の原理というわけです。小学校1年生の国語のテキストで『分かち書き』がしてあるのを見たことがあるでしょう。単語を区別できるようにしているのでしょうね。これは，音声化する際に少し間を置いて発声するのと同じですね。

　第二は『類似性の原理（principle of similarity）』です。これは，『似たものは1つにまとまる』というものです。図2-16に示されるように，□○□という3列のまとまりが見られますが，□の行，○の行というまとまりが見えます。距離的には離れてはいるけれども似た形がまとまって見えます。10名ばかりの選挙の運動員がおそろいの上っ張りを着てターミナルにいるとき，一般の人々が少々入り混じっていても，ひとまとまりの集まりに見えます。ほかの派閥の運動員がさっきのとははっきりと異なったデザインのおそろいの上っ張りを着て，さっきの運動員と近接して，ところによっては少し入り混じって，選挙運動をしているとき，2つの集団はそれぞれが明白にまとまって見えるものです。これは，対象の事物・事象について共通性を見出して1つのカテゴリーに入れておく，という概括作用が反映しているのかもしれません。

図2-15 近接性の原理
近接する円がまとまって
3列の円として見える。

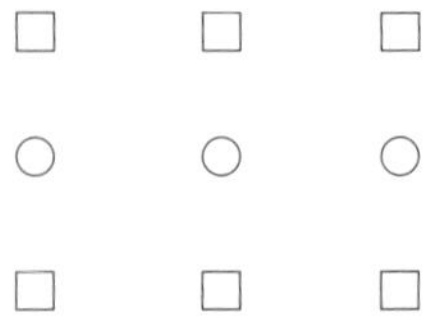

図2-16 類似性の原理
遠くても似たものが
まとまって見える。

第三は,『閉合性の原理（principle of closure）』です。これはさっきのものより，視覚性の強いものですが,『閉じられている』という印象が生ずるとき，そこにまとまりが見える，というわけです。たとえば，三菱鉛筆についている三菱のマークを見てください。菱形が3つ，1つの角を共通にして等間隔に並べられていますね。これを輪郭線だけにしてみても，三菱のマークの印象は残っています。3つの菱形で，中心でつながっているコーナーとちょうど反対側のコーナーを作っている二辺（底辺のない三角形）を取り除くと，3本の直線がそれぞれの間が60度となるように交わっている図形になります（図2-17，左上の図）。こうなると不安定な図形となりますが，中心から放射状に開いている6つの線のうち2つずつを直線で結ぶと3つの三角形が1つの頂点を共有したものとなり，安定します（図2-17，左下の図）。このように閉じた図形はまとまりを作るというわけです。この3つの三角形の図形で，それぞれの間にある空間を直線で結ぶと，1つの頂点を共有した6つの三角形が見えますね（図2-17，右上の図）。雪の結晶のようにも見えます。しかしもっとよく見ていると，稜線だけで描かれたさいころのような立方体を1つの角から見ているような図形が見えてくるものですが，A君はどうですか。」

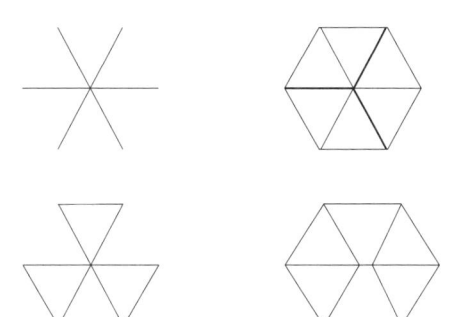

図2-17　閉合性の原理

　A君　「さっきから言われるとおりに図を描いて，確認していますが，立方体を見るのは難しいですね。」

　先生　「実はこの絵も反転図形の例です。中心から出ている6本の線のうち，どこからでもいいですから，1本おきに少しだけ色濃くしてみてください。」

　A君　「あっ，見えました。色濃くした線が手前の稜線となって，薄い線が向こう側の見えないはずの稜線なのですね。そうか，色濃くするなどの強調をしないでおくと，1つおきの3本の線が立方体の手前の稜線になったり，同じそれらの線が向こう側の稜線になったりするのですね。」

先生　「そうです。図2-17では頂点の重なりをずらしたものも示されています（右下の図）。こうすると立体の印象が強くなります。さて，話を戻して，群化の法則の続きをみましょう。

　第四は，『連続性の原理（principle of continuity）』です。これは，直線や曲線が連続しているということですが，それも『よりよい連続』をしていると『よりよく』まとまりが生ずる，というものです。適当な大きさの輪郭線で描かれた楕円と長方形が一部で交わっている（長方形の1つの角が楕円の内部に入っている）図形を思い浮かべてください（図2-18，右の図）。次に，2箇所の輪郭線の交点を通る線に沿って図形を切断してみてください。すると，長方形が主となっている図形で言えば，1つの角がなくてその代わりに楕円の輪郭線がある図形になっています。もう一方の図形では楕円の一部が長方形の角に置き換わっています。これらの図形は，それぞれが離れて提示されていると，閉合性の法則に従って，形としては奇妙な形ですがそれなりにまとまって見えます（図2-18，左の2つの図形）。たとえが小さいですが，楕円形で一部が長方形の角でかけている図形は精米したお米のように見えます。しかしこれら2つの図形を近づけて切り口をぴたっと合わせた途端に，もとの楕円と長方形の図形があらわになります。このように，経験的に『よい』と感じる連続がまとまりを構成すると考えられます。

　第五は，『調和の原理』です。これは，先ほどの『よい』というような印象と同じく，『調和のある』という性質がまとまりを構成する，というものです。『よい連続』の場合よりもさら

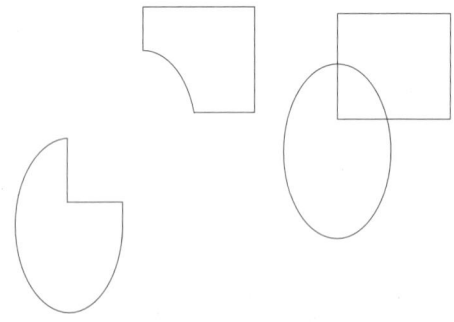

図2-18　よい連続性の原理

図2-19　調和（左右対称）の原理

に主観的な印象を取り扱うことになりますが，『見え』というのはもともと主観的ですから，主観的でいいのだというわけです。ある文化の下では確かに調和的であってもすべての人間で同じように調和的であるとは限らないということになれば，科学研究の対象としてはいかがなものか，という批判も起きなくはありません。でも，『構え』などは一時的なもので，文化は長期的に形成されるものだと考えると，取り上げない理由が崩れることになります。」

5.4 主観的輪郭線

　先生　「形を知覚するとき，必ずしも輪郭線はいらないと以前に言いましたが，実際には輪郭線がないにもかかわらず，輪郭線があるかのように形を知覚することを実験的に示すことができます。このようにして物理的には輪郭線は存在しないが，そして，じっくり観察しても輪郭線が見えることはないのだけれども，領域の境界線があるように感じられて見える輪郭線を『主観的輪郭線』と言います。」

　A君　「なんだか，奇妙な表現ですね。『見えないけれども見える』ですね。」

　先生　「さっき，三菱のマークの輪郭図形で，外側の三角部分を取り除いた図形を参照しましたね。同じ三菱の図形で，今度は中心部にある放射状の6つの線分をすべて取り除いてみましょう（図2-20）。外側の三角部分が残っているだけですが，それをよく見てください。じっと見ていて何か見えてきませんか。」

　A君　「三角形が見えます。」

図2-20　主観的輪郭線1　　図2-21　主観的輪郭線2　　図2-22　主観的輪郭線によるポンゾの錯視

先生　「線がないところに，線があるように感じられるでしょう。直線ですね，この場合。」

A君　「なるほどね。これが主観的輪郭線なのですね。」

先生　「もっと，顕著な事例をみましょう。図2-21に示されるように，黒い色紙で直径2cmくらいの円盤を3枚作ってください。それぞれに中心角60度の扇型を切り取ってください。これらを切り込みが向き合うように適当な距離を置いて並べてください。そう，切り込み部分を材料にして三角形が見えているといいです。色紙が浮き上がっているようでしたら，何か透き通ったもので抑えてください。それでは，この図形をじっくりと見てください（……時間があれば，切り込みを，直線ではなく緩やかな曲線で切れ込みを入れて，同じように配置して観察してみてください）。」

A君　「三角形が見えるのは確かですが，白い紙の上に黒の円盤が3つあって，その3つの円盤の上に白い三角の紙が載っているように見えます。さっきの場合よりずっと輪郭線があるように見えますね。」

先生　「この図形を最初に研究したのはカニッツア（Kanizsa, G.）ですが，webページ（http://humanities.lit.nagoya-u.ac.jp/~illusion/gallery/Kanizsa/index.html）で，カニッツア錯視として紹介されていますので参考にするといいでしょう。さて，主観的輪郭線は，単なる見えの問題だけではなさそうです。図2-21のような主観的輪郭線による三角形の1つの頂点とその対辺の間を3分割する位置に対辺に平行な同じ長さの線分を2本描いてみてください。セロファン紙などに描いて重ね合わせてもいいです。この2本の線分の長さに注目してください。」

A君　「主観的輪郭線の三角形の頂点に近い線分が長く見えます（図2-22参照）。」

先生　「そうです。それはポンゾの錯視に由来すると考えられます。片方が狭くなった2本の線分の間に直交するような位置に2本の線分を置くと，このうち狭くなっている方に近い線分が長く見える，というのがポンゾの錯視です（図2-23参照）。さ

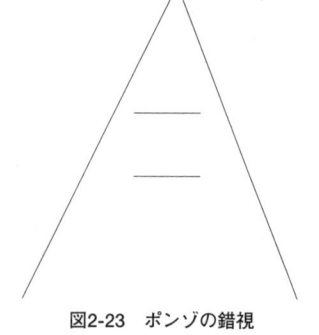

図2-23　ポンゾの錯視

っきの図形では，主観的輪郭線しかないのですが，ポンゾ錯視が起こります。主観的輪郭線は単なる見えに留まらない性質をもっているようですね。」

第6節　奥行きの知覚

　すぐ近くにいる人，遠くにいる人，その間を自転車に乗って人が通っていく，というような光景を思い浮かべることはそんなに難しいことではないだろう。実際の視野の中で起こっていることを見る場合もあれば，キャンバスに描かれた絵の中でそのような位置関係がはっきりとわかることもある。このように，3次元的位置関係を把握することを奥行き知覚と言う。聴覚的にも音源の方角やおおよその距離を把握することもできる。網膜は平面であるのにどのようにして立体的に把握できるのであろうか。また，紙の上の平面でどうして立体感が生じるのであろうか。

6.1　視空間の安定性

　先生　「A君，左目を閉じて，右の目のまぶたを右手の指で軽くとんとんとたたいてみてください。」

　A君　「あれぇっ。視野が揺れます。なぜですか。」

　先生　「右の目で視野のいろいろなところを見ながら，まぶたをたたいてみてください。あまり，やっていると気分が悪くなりますから，経験ができたらやめた方がいいです。」

　A君　「視野全体が揺れているようですが，見ているところの揺れがはっきりしますね。……まぶたをグーッと押すと，それに対応して視野が緩やかに移動していきますね。……なぜですか。」

　先生　「網膜からの視神経の情報を処理して，『視野』を構成しているのですが，このとき，眼球を動かす筋肉（動眼筋）の働きから眼球がどの方向に向いているかの情報も考慮に入れて『視野』を構成しています。ところが，指で眼球の動きを起こして網膜像に変化を生じさせたので，動眼システムからの情報では補正できないで『視野』が構成されてしまって，指でつつかれる前の『視野』と外れてしまうからです。」

A君　「……もうひとつ，なるほどと思えないのですが……。」

先生　「眼球の内側に網膜があることは知っていますね。そこに映像が映ってその信号が脳の後頭部にある視覚領に伝達されて像が見えます。ところで，目を動かしていろいろなところを見るということは，実は，解像度の高い網膜の中心部でものを見ようとして目が動くということで，目を動かして見るたびに網膜に映る像は，がらりと変わることになります。それは，ビデオカメラでいろいろと向きを変えて映像を撮るとその動きと対応して画面に映る映像が変化するのとちょうど同じことです。ところが，実際に部屋の中や戸外で目をきょろきょろ動かしてみてものを見ると，視覚的な空間の中に位置づいているものや場所を見ているように見えます。ビデオカメラをいろんな方向に動かして得られた映像を見ているようには決して見えません。このように視覚を通して得られる見えの空間を視空間と言い，その視空間の中に対象物を見たり，自分自身でさえもその中に位置づけて見ています。パソコンのキーボードの上に自分の手の指が動いているのが見えたり，画面を見ているときに視野の下の方で指が少し見えたりしています。このように視空間はとても安定しています。これは，眼球を動かしたり，頭を動かしたりしても，それによって網膜の映像が異なっても，視覚情報と動眼系や首の運動などの情報（すべての筋肉の活動は，どの程度に収縮させるかどのタイミングでするかなどの中枢からの情報のほかに，筋肉の活動状況を把握する固有受容器からの情報）とが，瞬時に計算処理されて安定した視空間が意識できるということを示しています。」

A君　「脳のコンピュータアナロジーですね。」

先生　「いや，アナロジーではなくて，神経学的なコンピュータ処理そのものと考えていいだろうと思います。ところで，自分の身体の内部で起こっている事象に対してはそのような処理ができますが，乗り物などに乗っていて体全体が不規則に動く場合にはその情報源からの情報がありませんので，その対処ができなくて不安定な視空間が生ずることなり，いわゆる乗り物酔いの状態が起こる原因となります。」

A君　「なるほど，眠っていると乗り物酔いしないのはそういうことですか。」

先生　「乗り物酔いの原因は視覚的ばかりではなく，体の平衡感覚の受容器

のある前庭器官が刺激されて生じるものとされていますね。自律神経系の敏感な人はなりやすいですね。

　視空間の安定性の論議に戻りましょう。視空間について組織的に研究したギブソン（Gibson, J. J.）は、視空間の現れ方を視覚世界と視覚野とに区別しました。視覚世界とは、現実に知覚される空間で、大きさ、形、位置、方向などの恒常性が見られ、観察者の動きには影響されず安定している、という特徴をもつとしています。視覚野とは、どこかを注視しているときに得られる遠近感のある空間で、上下左右に明確な境界が感じられ、眼球の動きや身体の動きによって影響を受ける、という特徴をもつとされます。ボーリング（Boring, E. G.）という人は、知覚的な手がかりが多くあるときは視覚世界が成立し、逆に知覚的な手がかりが少ない条件では視覚野が成立すると言っています。」

6.2　奥行き視の機序

　A君　「ところで、網膜の平面的な情報から、どうして、奥行きの印象が生じるのですか。」

　先生　「奥行き視、あるいは、奥行き知覚というのはいろいろなメカニズムで生じると考えられています。まず、目の焦点づけや両眼の輻輳運動など目の筋機構によるもの、次いで、両眼視差や運動視差など網膜像によるもの、描画表現上で生ずるものがあります。これらについて以下に少し詳しくみていきましょう。」

(1) 眼球のレンズの焦点づけと両眼の輻輳運動

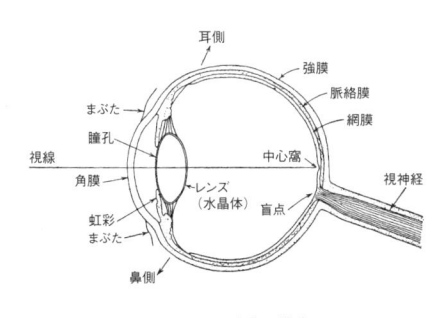

図2-24　眼球内の構造

　眼球には白目と呼ばれる部分と黒目と呼ばれる部分とがある。黒目の部分は角膜（cornea）と呼ばれる透明の膜で覆われており、その背後に日本人の場合、茶色の放射状の縞模様と中央に黒い穴が見える。茶色の部分を虹彩（iris）と言い、カメラの絞りの役割を果たしている。黒い

穴は光が通る穴で，瞳とか瞳孔（pupil）と呼ばれている。この瞳孔の背後にレンズ（水晶体）があって，眼球の奥にある網膜に映る像を鮮明にするように焦点づけの調整を行っている。レンズの曲率の調整は毛様筋（ciliary muscle）と呼ばれる筋肉で行われており，この毛様筋の働き具合が対象物（焦点づけて見ているもの）との距離をある程度の範囲で反映し

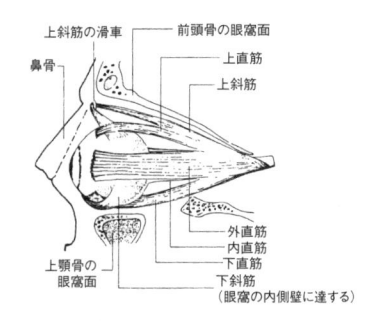

図2-25 動眼筋の構造

ていると考えられる。つまり，遠くにあるものを見たり，近くにあるものを見たりすると，毛様筋が働くことになり，それが奥行き感を生じさせる情報となっている。網膜の映像は焦点づけられてないところはピンボケとなることからも情報が得られる。

　眼球は上下左右と斜め方向に動かす6本3対の筋肉（2対の直筋〈rectus muscle〉と1対の斜筋〈oblique muscle〉）で支えられてスムーズな回転運動を行っている。近くにあるものを見ているとき，両方の目はそれぞれ内（鼻）側に少し回転した状態になっている。徐々に遠くの方のものに焦点づけて見ていくとそれにつれて，両眼は少しずつ外（こめかみ）側に回転していく。このような両眼の動きを生じさせている動眼筋の活動状況が対象物との距離を反映していると考えられる。

　先生「頭を動かさないようにして，視野の左から右にゆっくりと移動する対象物を追視すると，左の目は鼻側に回転（内転）し，右側の目はこめかみ側に回転（外転）します。このように，両眼が注視点との関係で複雑に運動することを輻輳運動と呼んでいます。動眼筋や動眼神経にわずかな損傷があると安定した視空間の構成に支障をきたすことがあるようで，極めて微妙な輻輳運動が実現しているのは驚異的でさえありますね。」

　A君「焦点距離を変えることが遠くを見たり近くを見たりすることと関係していることはよくわかりますが，眼球の微妙な運動の方は言われてみてもそうかなぁと思います。」

先生「構造的には理解できるでしょう。

さて，次に，このような生物学的な機構上からの情報に基づくものではなく，網膜上の情報をもとにした，いわば見えの情報をもとにした，奥行き知覚を考えることにしましょう。」

(2) 両眼視差と運動視差

両眼視差とは，両目が物理的に少し（6〜7cm）離れて存在することに起因して，両目の網膜像に生じる若干の差異である。右手人差し指を立てて，鼻先10cm あたりに置いて，それを両目で見つめてから，右目を閉じたり左目を閉じたりすると，指の先の見え方が異なる。左目を閉じると指の爪がかなり見えるが，右目を閉じると爪はほとんど見えなくなる。また，指の向こう側の（背景となる）視野は，がらりと異なるのが感じられるだろう。しかし，指の背景に注意を向けて左右の目を交互に閉じると，今度は背景の視野が安定して，その視野内の異なった場所に指がスーッと現れる。このように，両眼の網膜像の差異によって，対象世界が立体的に見えるのである。

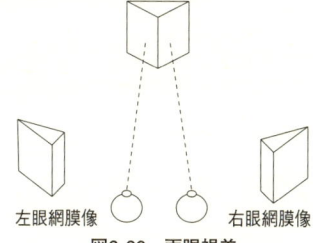

図2-26 両眼視差

電車に乗って窓の外を眺めているとき，架線を支える鉄塔はさっと視野を横切っていくが，少し遠くの家や高木はゆっくり視野を流れていくように見え，さらに遠くの山々はさらにゆっくりと移動していく，このように，観察者が移動しているときに生ずる見えの世界の差異を運動視差という。運動視差は，観察者，注視点，いくつかの対象物，という3者間の物理的な位置関係が異なることによって生じる。観察者が高速で移動しているとき，視点をおいている対象物との間に存在するさま

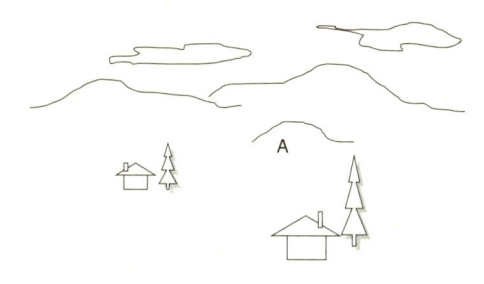

図2-27 運動視差
動いている乗り物に乗って外を眺めるとき，注視点をAのあたりに置くと，手前にあるものほど速く視野を横切る。

ざまな対象物は，観察者に近いものほどすばやく視野から外れていく経験が，視野内の物の位置関係の把握の確からしさを支えている。

先生　「A君はこんな経験をしたことはないですか。学校の校舎など比較的長い廊下の突き当たりに適当な大きさの窓があって，その窓を通して外の景色が見えています。その窓に向かってちょっと体を揺らしながらゆっくりと歩いています。すると，窓枠の中では，目の位置のわずかの変動を反映して，映画かビデオを見ているように，外の景色が揺れて見える，こういうような経験をしたことはないですか。」

A君　「あまり意識したことはありません。」

先生　「これは，水平垂直という枠組みのある窓が安定した空間を構成していて，窓枠の中の景色が移動して見えるのです。つまり，窓枠も外の景色も物理的には安定していますが，見ている人の目の位置が，その人が歩くということによって変化するので，相対的に窓の中の景色が動いて見えるわけです。」

(3) 描画表現技法

先生　「これまでは，いわゆる3次元の空間にあるものを見る場合でしたが，平面上の情報で奥行きを知覚する場合を考えてみましょう。つまり，近くにあるものは遠くのものを覆い隠すことがある，遠くのものは近くのものより小さくなっている，遠くのものは霞がかかって見える，などの知識・経験を背景にして平面に立体感をもたせる方法があります。これらについて次にみましょう。」

『遠近法』とは，風景画などで立体感を表現するために用いられる絵画技法で，すべての投射線が一点に集中する線遠近法（透視図法）と，風景における遠近関係の中での空気の影響を色彩の調子・濃淡で表す大気遠近法が区分されている。前者の線遠近法は，ギリシャ時代に始まりルネサンス期に完成されたと言われる。遠近を示すのに古代人は後方にあるものに重ねて前方

図2-28　遠近画法

(手前)にあるものを描くことで示したり,高いところから見下ろした絵,鳥瞰図的に描いたりしていたようである。

先生「このような表現法というのは,写実的に表現する方法の研究の中で出てきたことかもしれませんね。日本の場合でも,大気遠近法というのは昔からあって,雲の向こう側を描くことで『より遠く』を表したのではないでしょうか。霞たなびく……などの表現もありますし。」

A君「そういえば,エッシャーという人が奇妙な絵を描いていますね。部分的に遠近法を取り入れて描いて全体の立体構造としてありえないという,矛盾した印象を与えています。彼の絵に,上下で対照的になっている構図で,『上下の手が互いに手を描いている』というのがありますが,これも印象的ですね。なんだか心理学から遠去っているようですが……。」

先生「心理学的な検討がなされているものに,『キメの勾配』と『重なり図形』があります。」

『キメの勾配』とは,ギブソン(Gibson, J. J.)によって名づけられたもので,小石の並んだ平らな川原に立って眺めたとき,実際の石の大きさはそれぞれ異なっているけれども,平均的な石の大きさは遠くになるほど小さくなって見える。これと対応するように,紙面上に,小さな黒色

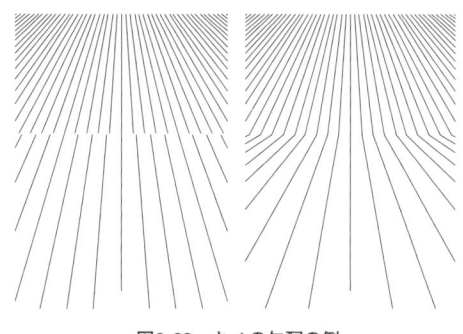

図2-29　キメの勾配の例
左は不連続で段差が感じられるが,右は連続して折れ曲がりが感じられる。

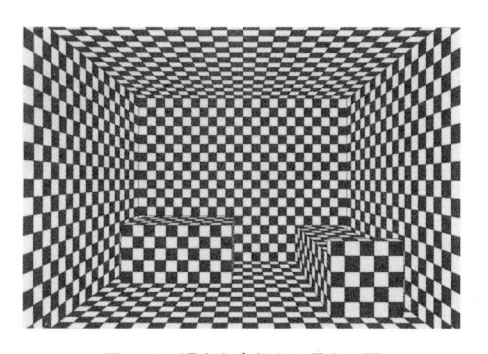

図2-30　明白な奥行きの見える図

の楕円を紙面の上方に向けて順に段階的に小さく，適切に距離を詰めて描いていくと，そこに奥行きが感じられる。距離の詰め方によって，平面的な奥行きであったり，ふもとから丘を見上げているような曲面の奥行きが感じられる。遠近法では事物についてのさまざまな情報も適切な縮小関係で描かれていくが，キメの勾配という簡潔な情報で奥行きの感じが十分成立することがわかる。図2-29および図2-30はいずれも遠近画法による図形でもあるが，キメの勾配を顕著に示す図としてよく用いられる。

『重なり図形』とは，近くにある事物が遠くにある事物を部分的に覆い隠すことによって二者間の奥行きの位置関係を表現する図柄である。このように，重なって見えている二者の間の位置関係についてはかなり幼い年齢段階で理解できるようになるようである。3歳過ぎの幼児に『いくつになったか』とたずねると，

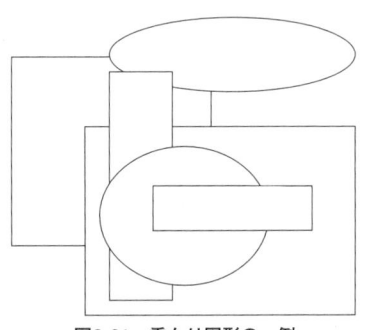

図2-31　重なり図形の一例

彼は親指で小指を押さえ残りの3本の指を立てて示すが，こちらが2本なのか3本なのかがわからなくて上体を左右に移してみようとすると，幼児の方でも3本の指が直接見えるように手を回転させる，ということがある。この子の行動は，"指が重なって見えないようなので，指が見えるように回転させ"ているのである。そして，相手が上体を左右に移す行為が自分の手の指の本数がわからないことに由来するということを知っていることを示しており，認知発達として興味深い行動である。

ところで，重なり図形において，二者の見えの大きさの判断と二者の距離感とが相互依存的な関係にある。たとえば，2冊の本が重なる形で描かれているとき，2冊が直接重なっているように描かれている場合に比べて，間に陰影などが描かれて2冊の本の間に距離感が与えられると，背後の本が同じ大きさに描かれていても少し大きく把握される。これに関して，心理学の初級実験でしばしば行われる実験がある。3種類のトランプのカード，スペードのエース，これより少し大きいダイヤのエース，さらに大きいハートのエース，（スペー

ドとダイヤのカードの右肩を各辺で4分の1程度分切り取っておく）を準備して，これら3枚のカードを手前からスペード，ダイヤ，ハートの順に高さと距離を調節して（適当なスタンドを利用して）配置し，適切な観察点から片方の目でこれらのカードを観察する。実際には材料の大きさや照明，位置関係，そして観察距離などをきちっとしなければならないが，条件が整うと，一番遠くのハートが手前に，次にダイヤ，最後にスペードのカード並んでいるように見える。実際の配置とは逆の順に並んで見える。これは，実際のカード間の距離の違いによる網膜などの距離情報よりも図形の重なりの情報の方が重視されていることを示している。図2-32ではトランプカードではなく，楕円や長方形に切り抜いた型紙を利用した重なり図形の観察場面の事例を示している。

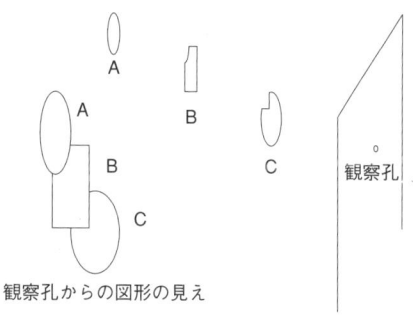

図2-32 重なり図形の観察場面の事例

A君「たしかに並んで見えるような気がしますが，こういう実験は簡単にできるのですか。」

先生「部屋を暗くして，背景に暗幕を張ってカードの支えのスタンドは黒くして，カードを遠いほど明るく照明して，観察者側にも暗幕を張り，小さな観察穴から観察させると，例外なくそのような知覚印象は起こるようです。もちろん，カードの位置関係を調節しておかないといけませんが。」

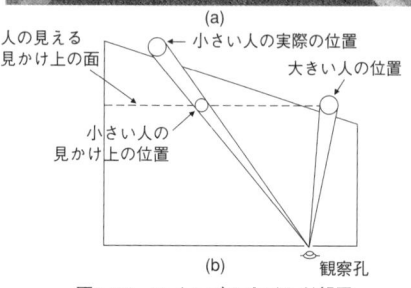

図2-33 エイムズのゆがんだ部屋

A君 「知覚印象はそんなにいいかげんなものなんですか。」

先生 「残念ながらそうです。だいぶ手の込んだ装置を作って人々を驚かせることもできます。実際の物理的な空間としてはゆがんだ部屋（部屋の左の隅は一番遠くに，右の隅を一番近くにして，観察孔から見たときには窓枠，天井板，床板などの水平垂直の関係が維持されているように作り上げた部屋）の対面の左の窓から男性をのぞかせて次に右の窓からのぞかせると，観察孔から見ている観察者は，男性の顔が急に大きくなったように感じます（図 2-33 参照）。本当は，男性の顔が大きくなるのではなく，ゆがんだ部屋で男性が近くにやってくるので，大きく見えるだけなのです。」

第7節 錯　視

7.1 錯視とは

　錯視とは視覚上の錯覚である。錯覚とは，誤った知覚であるが，ランダムに間違えるのではなく，個人間で程度には差はあっても同じような傾向をもって誤って知覚される現象である。重さの錯覚の例をみてみよう。同じ喫茶店のマッチ箱を2つ準備する。どちらも中のマッチ棒をすべて取り出して，一方には，10円玉を2・3枚，ティッシュペーパーに包んで，がさがさ音がしないように入れ，他方のマッチ箱は空のままにしておく。10円玉を入れた方をはじめに提示して，指先で軽くつまんでもち上げてもらう。次に，空のマッチ箱をその上において，同様にもってもらう。そうするとほとんどの人は，マッチ箱が軽くなったと，ときには驚きの表情で印象を伝える。指先に物をつまんだときのそのものの重さというのは，指でマッチ箱を落とさないようにつぶさないようにつまみながら，手首やひじをもち上げて知覚するものである。つまり，関連する筋肉や関節にある固有受容器の情報から重さの印象が生じるのである。彼または彼女は，はじめにもったマッチ箱は細工がしてあったので普通のマッチ箱より重く感じたはずである。見かけ上同じようなマッチ箱が重ねられたので，さっきもち上げたときの2倍の力を準備してもち上げようとしたが，空っぽのマッチ箱であるのでそんなに力は不要である，不要となった力の分だけマッチ箱が「軽い」と判断されたのである。このことは，何らかの基準が置かれてそ

れとの関わりで知覚判断が生じていることをうかがわせる。

　先生　「さて，視覚上の錯覚，つまり錯視については長い研究の歴史があります。いろいろな幾何学図形が錯視を引き起こすことが発見され，錯視のメカニズムが研究されてきています。それらの研究から，幾何学図形で顕著な錯視が観察されて，視知覚には一般的に錯視が起こっているのではないかと考え，そのような視知覚の成立に関する理論が検討されてきました。しかし，多くの研究者が納得するような理論はまだ提示されていません。いくつかの錯視図形をまとめて，その錯視の機序が説明されている状況だと言っていいでしょう。」

7.2　錯視を生じさせる図形
　先生　「これまで，いろいろな幾何学的錯視図形が提示されています。そのような図形では，ある部分の大きさや長さが過小視されたり過大視されたりして，錯覚が生じます。また，ある観察条件では，直線である線分の直線性がゆがんで見えたり，直線で連結されるはずの2つの線分が直線的につながるようには見えない，というようなことが，個人間で程度の差があっても同じように生じるものです。古典的な錯視図形がwebページ（http://humanities.lit.nagoya-u.ac.jp/~illusion/）で紹介されています。また，いろいろな錯視図形を含めた錯視現象を取り扱ったwebページが http://www.brl.ntt.co.jp/IllusionForum/basics/visual です。北岡明佳さんは動く錯視図形を紹介しています。そのサイトは http://www. ritsumei.ac.jp/~akitaoka/index-j.html です。機会があれば一度見てみることをお勧めします。
　以下に，いくつかの錯視の事例をみてみましょう。」

(1) ミュラー・リヤー錯視
　2本の同じ長さ（7cm）の垂直線分を平行して描き，それぞれの線分の上端に一方はV字型，他方は逆V字型に，Vの字のとがっているところが線分の先端にくるように，Vの2つの線分がそれぞれ長さ2cmで，垂線に対して60度となるように描く。線分の下端には上端とは逆向きのV字型となるように

（長さと角度を同じように）線分を描く。こうすると，一方は線分の外側にV字型があり，もう一方は線分の内側にV字型がある。この2つの図形の垂直線の部分に注目してその長さを観察すると，V字型が外側にある図形の垂直線の方が長く見える。図2-34（左の図）に見ら

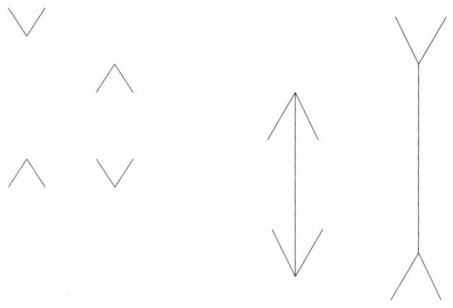

図2-34　ミュラー・リヤーの錯視

れるように，垂直線分が描かれていなくても同じところに錯視が生ずる。これらの図形を90度回転して観察しても同様の印象が得られる。これは，ミュラー・リヤーの錯視図形と言われる。どれかのV字型を別の紙に描いておいて，この紙のV字型を垂線上で移動させ，見かけ上等しくなるところで止めて，2つの図形の垂線の実際の長さを測定する。この長さと実際の長さとの差が「錯視量」とされる。このような測定法を「調整法」と言う。

　ミュラー・リヤーの錯視では，内側にV字型がある場合には過小視される傾向にあり，外側にV字型がある場合には過大視される傾向にある。観察する線が水平の場合よりも垂直の場合に方が錯視量は大きくなる傾向も示されている。この錯視図形では，空間的な位置関係の中でこれらの図形が把握されるための錯視が起こる，という見解がある。つまり，V字型が垂直線分の内側にある場合は部屋の中で1つのコーナーを見ている状況であるとし，V字型が外側にある場合はビルなどの建物を外から眺めている状況だとし，同じ長さでもV字型の置かれ方で見かけ上の空間的位置関係（距離）が異なるものと把握され，より遠くにあるので実際より大きく（長く）感じられるのであろうという。このように，図形の中に遠近法で用いられる構図がある場合には，網膜像が同じであっても判断対象の見かけ上の空間的な位置関係の把握によって大きさや長さが異なって知覚される。前述のポンゾの錯視図形もその例である。

(2) デルブーフ錯視（同心円錯視）

　図2-35のように，4種の大小2つの円をもつ同心円図形を描き，上段では内

円の直径が等しく，下段では外円の直径が等しくなっている。上段と下段の中央には，内円または外円と等しい直径の円が描かれている。大小の同心円が比較的接近して描かれているとき，同心円の内円は過大視され，外円は過小視される。大小2円が離れて描かれているとき，内円は過小

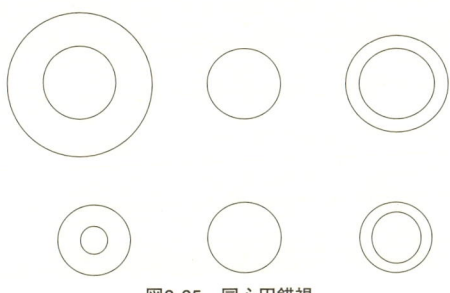

図2-35　同心円錯視
上段両側は内円が中央の円と同じ大きさであるが，右は過大視され左は過小視される。下段の両側は外円が同じ大きさであるが，右は過大視され，左は過小視される。

視され，外円は過大視される傾向にある。この現象は同心円錯視とかデルブーフの錯視と呼ばれる。この錯視図形が組織的に研究されて，内円の過大視や外円の過小視は，内円と外円の直径比が2：3のとき極大となり，内外円の直径比が増大するにつれて過大視や過小視の程度（錯視量）が減少し，1：5を超えると逆転して，内円が過大視され外円が過小視されるようになるという。この錯視図形では，同心円の実質的な大きさではなく，2円間の関係で錯視効果が生じていることが確認されている。同心円錯視を組織的に研究した盛永（1935）は，2：3の比率を中心とした同心円の場合には2円が一体的に把握されて『2円の同化』が起こり，外円は過小に内円は過大に見えるのであろうとし，直径比がずっと大きくなると『2円間の対比』が起こり，錯視が逆転するのであろうとしている。なお，大山（2000）は大脳の方向検出機構（線分の方向に特徴的反応する脳細胞）に対応して，大きさ検出機構モデルを提案している。

(3) ポッゲンドルフ錯視

　まず，2本の平行垂直線分（長さ8cm，間隔を1.5cm）と，これに30度程度で交差している直線（この線分の両端は，2本の平行垂直線の両端を結ぶ延長線上にあるようにしておくとよい）を描く。次に，交差する直線のうち，平行線の間を通過する部分を消し去る。こうして作成した図形であるのに，平行線から斜めに出ている2本の線分が一直線であるように見えない。このような錯

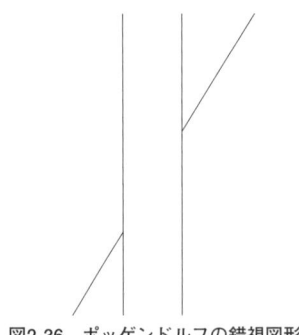

図2-36 ポッゲンドルフの錯視図形

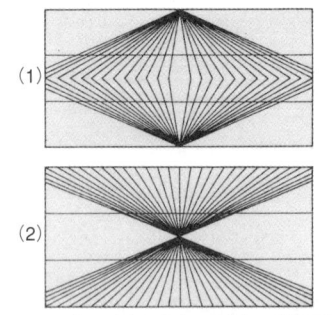

図2-37 グント(1)とヘリング(2)の錯視図形

視をポッゲンドルフ錯視という。平行線の両端をつないで，長方形としても錯視は生じる。錯視量を測定するには，斜めの線分を別の紙に書いて，その紙を平行線に沿って移動させ，一直線と見えるところで止めて，平行線上の物理的に一直線となるはずの位置との差を測定すればよい。

図2-38 ツェルナーの錯視図形

　どうしてこのようなゆがんだ知覚が生じるのであろうか。これまでの研究で，直線の交わる角度に由来すると考えられている。つまり，鋭角に交差するとその角度は過大視され，鈍角で交差するとその角度は過小視される傾向があるので，実際は一直線上にあるにもかかわらず，少しずれているように見えるのだと言われている。同様の機序が働いて，平行線がゆがんで見える錯視図形がある。ヘリングの錯視図形や，ツェルナーの錯視図形である。前者は，適当な大きさの長方形の内部に長方形の中心点を通って10度間隔で描かれた放射状の直線を背景にして，中心点から等距離となる2本の平行線を描いたとき，その平行線は中心点に近いところで膨らんで見える，というものである。後者は，ポッゲンドルフの図形のように2本の太目の垂直平行線があって，右側の線上には長さ1cmの線を右下がり45度で交わるように5mm間隔で10本程度描き，左の線上には左下がりの線分を同様にして描いた図形で，2本の平行垂直線が平行には見えなくて，上の方が開いて下方が狭くなって見えるというものである（図2-38参照）。

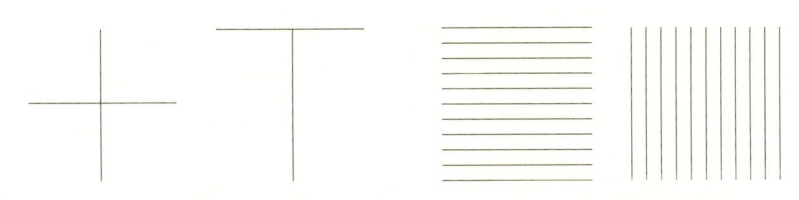

図2-39　水平線垂直線の錯視1　　　　　図2-40　水平線垂直線の錯視2

　これらの図形を適当に回転させて観察すると錯視量に差異はあるものの同様の錯視が生じる。しかしながら，たとえば，ポッゲンドルフの図形の場合，斜めに交差した線分が，垂直となるように配置して観察すると，その直線が一直線に見えたり，ずれて見えたりして錯視が不安定になったり，錯視量が小さくなったりする。斜めに交わる線が水平となるようにおいても同様である。これは，私たちの視空間において安定した位置づけを行う場合に，水平と垂直という枠組みが知覚判断の基準となっていることによるものと考えられる。さらに，この水平と垂直というのは，私たちにとって同等ではないようである。一例をみよう。白い紙に長さ10cmの垂直線を描き，その上にセロファン紙を載せてぴったり重ねて10cmの垂直線を描く。セロファン紙を回転させて2本の線をそれぞれの中央のところで直交させて，2本の直線の長さを観察する。ほぼ等しいと判断されるだろう。セロファン紙を上方にゆっくりと移動させ垂直線の上端で止めて2本の直線を観察するとセロファンの紙の水平線が短く見えるだろう（図2-39右の図）。さらに，白い紙の10cmの垂線の上下両方のスペースに1cm間隔で5本の垂直線を（下端が直線上にのるように）描き，セロファン紙上にも同様に10本の線を描く。セロファン紙を90度回転して正方形の格子を確認した後，セロファン紙を右に移動させて，11本の垂直線と11本の水平線の図を観察する（図2-40参照）。全体として垂直線の図よりも水平線の図の方が間隔が少し延びて上下方向が長く見えるだろう。線そのものではなく，垂直と水平という視空間に差異があり，垂直方向は過大視される傾向にあるようだ。このような視空間の特異性を『視空間の異方性』と言う。

　A君　「なぜ，錯視が生じるのか，という問いに対しては，明確には解答されていないみたいですね。どうしてですか。」

先生「図形やその背景となっているものの配置（刺激布置と言う）の特徴が，時には日常の生活空間と対応させるなどとして説明されているわけですが，それでも，なぜ日常生活空間に対応させて図を見ていると考えることができるのか，などとさらなる疑問が起こるものです。因果関係で突き詰めていくとなると，脳での主観的意識としての視覚過程の解明を待たなければならないのでしょう。」

第8節 運動の知覚と時間の知覚

8.1 実際の運動の知覚と見かけ上の運動の知覚

先生「知覚で興味深い現象の1つとして『運動の知覚』があります。体操選手の演技を見る場合のように実際の運動を運動として知覚するのは当たり前のことですが，実際には運動が生じていないのにありありと運動が感じられることがあります。テレビや映画で見ている運動です。テレビでも映画でも1秒間に30枚とか24コマの静止映像を見ているのに，ありありとした運動が知覚されます。こうした現象は時間の知覚とも関係しています。」

A君「そういう話は聞いたことがあります。」

先生「実際の運動が知覚されるのには，視点が固定していて，実際の運動に対応して網膜像に変化が生じて『運動』が知覚される場合や，動いている対象を追視して（眼球運動が生じて）『運動』が知覚される場合があります。追視の場合は，眼球運動だけでなく，対象とその背景の網膜像の位置関係もまた重要な情報になります。」

A君「前に形の知覚のところで，13点の光源が運動しているのが見える例が出ましたが，あれも運動の知覚ですね。」

先生「そうですね。実際に光源が運動していますから，実際の運動の知覚と言っていいでしょう。しかし，前にも言いましたように，それぞれの光点のそれぞれの運動が知覚されているのではなく，光点の集まりとして，それも見かけ上の光点の位置関係でのまとまりそのものではなく，どの光点が体のどの部分であるという把握を含めて，人が歩いているとか走っているとかの運動として知覚されるのです。こういう運動を生物学的運動（Biological motion, ヨ

ハンソン〈Johansson, G.〉による命名），その知覚を『生物学的運動知覚』と言っています。運動している人の性別までわかるそうです（鷲見，1997）。」

　A君　「そういえば，いくつかの光点が動き出すとすぐに全体として，とても生き生きとした人の運動が感じられた，という強い印象が残っていますね。」

　先生　「部屋のどこかを注視しながら，首を動かしたり，座っている椅子を回転させたりすると，視野が動きますが，自分自身で体を動かしているので，つまり，固有受容器からの情報があるので，自分の運動が意識されます。ところで，A君は『ビックリハウス』に入ったことがありますか。」

　A君　「いいえ。でも聞いたことがあります。長いすから転げ落ちそうになったとか……。」

　先生　「そうです。これは運動の知覚と関係しています。たとえば，ブランコに乗っていると，視野は激しく動きますが，やはり自分が動いていてそれにつれて視野が変わっていくものと把握されます。明るい日差しの中では，相対的な位置関係がわかっているので，たとえ誰かにブランコを揺すられていても，このように知覚できます。しかし，同じようにブランコに乗せられて揺すられても，照明が薄暗くされて，周りの壁や天井が半回転したりすると，自分の身体の前庭器官や固有受容器からの情報よりも，周りの視覚情報が優先されて，まさしく視空間が安定した基準となって，自分がさかさまになっている印象が生じてしまうのです。それで，落ちそうなって椅子にしがみつくのですが，実際には，体はブランコに乗っているように揺れており，周りの壁や天井が回転してときに床が頭の方に来るだけなのです。一人で経験するよりも仲間が一緒に座って経験すると効果が倍増されるというわけです。」

　A君　「面白そうですね。なぜなくなったのですか。」

　先生　「さぁ，詳しくは知りませんが，周りの壁や天井などが実際に半回転しますので，少し揺れている長椅子から落ちて怪我をすることがあったのかもしれませんね。これは『誘導運動』と呼ばれる運動の知覚で，実際の運動がゆがんで知覚される例となっていますが，もう1つ，さらに，ゆがんだ運動の知覚を紹介しましょう。」

　A君　「ゆがんだ運動ってなんですか。」

先生　「周りが真っ暗で遠くにぽつんと街灯が見えるだけ，というところで，その街灯をじっと見つめていますと，しばらくするとその街灯の光が動き出すように見える……というような経験をしたことはありませんか。」

A君　「なんだかさびしい経験ですね。」

先生　「これは，実際には運動はないのですが，人によってはかなりはっきりとした動きが知覚されて驚く人もいます。これは主観的には勝手に動きますので，『自動運動』と呼んでいます。周りに何か光があるとこれは起こりませんから，そのことも原因の1つと考えられます。つまり，安定した視空間がないので，光点が浮遊していると考えられます。ほかの原因として，眼球のわずかな運動が考えられますが，自動運動と眼球運動の記録との明白な対応関係は認められていないようです。私は，観察者のわずかな体の動きが注視している光点の網膜像をわずかに移動させ，体はじっとして動かないでいると思っているので，対象の光点が緩やかに動くように知覚されるのではないかと考えていますが，確認はできていません。期待とか暗示にも影響されるようです。」

A君　「そんなもんですかねぇ。」

先生　「自分の部屋でも簡単に経験できますよ。MDプレイヤーなどの電子器械の発光ダイオード（LED）のパワーランプを利用しましょう。3mくらい離れた，目の高さのところにこれをおいて，部屋を真っ暗にします。椅子に座って暗順応して（少なくとも10分程度暗闇に慣れて）から，その光点をじっと注視します。ほほ杖をしないで，上体をまっすぐに立てた姿勢で見てください。しばらく見ていると，たいていの人は光点が上下左右に行きつ戻りつ，動くように見えます。光点はかすかな光の方がいいので，LEDが明るいようでしたら，テープで半分覆うなどすればいいでしょう。」

8.2　仮現運動

先生　「対象のものには実際には運動がないのに動きが見えるという運動を仮現運動と言います。まさに視覚現象として運動が生じているわけですが，先の『自動運動』も仮現運動の一種とも言えます。ところで，ビックリハウスでの運動経験は『誘導運動』だと言いましたが，ほかの誘導運動の事例を紹介しましょう。鉄道旅行をしているとき，車窓を通して向こう側の電車が動き出し

たのに，自分の乗っている電車が動き出したように感じることがあります。夜空に月を眺めていると，その月が雲間をかなりのスピードで動いているように見えることがあります。先の方は自分の動きだし，後の方は対象の動きですね。」

A君　「こんな経験があります。踏み切りで警報器の赤いランプが左右にぴょんぴょんと移動しているように見えることがありました。」

先生　「そうそう，いつもはそんなには見えないのに，あるときにありありと運動が見えてびっくりすることがありますね。でもこれは，誘導運動ではありません。2つの赤いランプが交互に点滅しているだけです。ある条件のときに見事に運動が感じられるのですね。このような運動を「仮現運動」と呼んでいます。」

A君　「警報機はたぶんいつも決まった時間間隔でランプを点滅させているはずですから，見る側の条件で運動が見えるのですね。」

先生　「そのとおりです。昼間はあまり感じなかったでしょう。夕方とか夜に感じたと思いますが，……だからといって周りの暗さが関係しているとは考えにくいです。夜にはいつも運動が感じられたということはなかったでしょう。周りが暗いということも多少は関係しているでしょうが，それよりも，一方のランプが消えて他方のランプがともる時間が関係しているのです。運動が感じられるこの物理的な時間はもちろん2つのランプの空間的な距離とも関係しますが，この場合のように距離が一定であれば，ある範囲の時間を特定できます。その時間は個人間で異なりますが，個人内でも異なります。個人内で異なるので，あるときにだけ感じられる，ということが起こるわけです。」

A君　「説明を聞いていると，なんだかややこしいのですが，わかる感じがします。もう少し，具体的に説明してもらえませんか。」

先生　「仮現運動について科学的に研究を始めたのはゲシュタルト学派の心理学者です。実験を紙上で再現するのは困難ですが，想像を働かせるとわかるでしょう。適当な長さの垂直線とその線の下端に近いところから右方向に水平線を垂直線と同じ長さで描いて，両方の線分が一度には見えないように細工しておきます（両線分をスリットにして背後から照明する方法がよく用いられる）。垂直線が見えなくなってある時間が経ってから水平線が見えるようにし

ます。状況がイメージできましたか。」

A君　「はい。でも，どうしてスリットなのですか。」

先生　「スリットにして背後に光源を置いてこの光源をコントロールする方がしやすいからです。数 10 msec という単位で図形の照明を制御しなくてはならないからです。このように光で瞬間的に視野をコントロールする装置をタキストスコープと言います。こうして，実験すると……。」

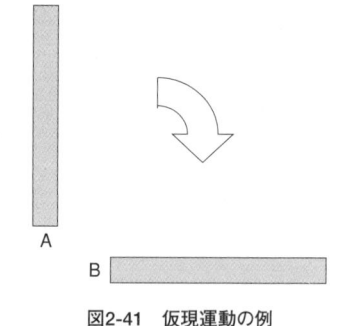

図2-41　仮現運動の例
数秒間Aを照明して消して，60〜80 msec 後にBを照明すると，スリットが倒れたように見える。

　垂直線分が消えてから水平線分が現れるまでの時間についてまとめると，この時間が約 30 msec 以下だと垂直線が消えるのと同時に水平線が見える，約 200 msec 以上だと垂直線が消えてから別の場所に水平線が（出現するように）見える。この間の時間（60〜80 msec）でスムーズな運動が見える。この時間は材料の図形，配置される距離，観察する距離，そして観察者によって異なる。適切な時間で提示されると『線分が倒れた』という印象が生じる。このようにして感じられる運動が仮現運動で，ほかの仮現運動と区別してベータ運動と呼ばれる。ほかの仮現運動の例としては，ミュラー・リヤーの錯視図形で，主線を同じにして内向図形と外向図形を同じ場所に交互に提示すると，同じはずの主線の長さが伸縮運動して見える現象（アルファ運動），図形の出現と消失（図形への照明をつけたり消したりすること）を繰り返すと，図形が拡大・縮小して見える現象（ガンマ運動）などがある。その後の多くの研究によって，最適な運動が知覚されるには，対象となるものの空間的距離，時間間隔，材料の明るさが関係していることが知られている。大山（2000）は実際の運動を知覚する場合も誘導運動や仮現運動を知覚する場合でも，運動知覚が知覚の安定性に寄与する，つまり，視覚情報によって視野内で起こる変化をできるだけ減少させるように視野の安定に寄与すると説明している。視空間の安定性ということから理解できるところであるが，運動知覚が生じるのにさらに重要な心理学的要素として，対象物についての同一性の意識があるのではなかろうか。

この点について，これまであまり議論されてないようである。たとえば，垂直線と水平線の仮現運動で，水平線の色が変わったり，中ほどで少し折れ曲がった線であっても仮現運動が生じることが知られているが，このとき「もとの線分が運動の途中で色が変わったり，少し折れてしまった」という観察報告されることがある。この報告に注目すると，観察者は垂直線と水平線とが同じものであると認識していることが推測される。あるものがある時間をかけて空間を移動するところに運動があるのだから，仮現運動では「同じもの」という把握ができたとたんに「運動」の知覚が起こるのであろうと考えられる。

A君　「こういう研究があって映画ができたのですね。」

先生　「いいえ，そうではありません。映画の原型だと言われるリュミエール（Lumiere, L.J.）によるシネマトグラフの発明は1895年ですから，仮現運動を実験的に研究したウェルトハイマー（Wertheimer, M.）の研究（1912）の方が後になります。彼は，ストロボスコープ（少しずつ変化している図柄を，スリットを通して見るか，ネオンなどの点滅光の下で見ることで動きが見える装置，1880年頃にはスリット方式のものがすでに作られていて，シネマトグラフの原型といえる）のおもちゃ版をヒントにして実験を計画したそうです。ところで，『Newton』の2004年10月号の表紙の裏側と次のページで，ストロボスコープの1つ，フェナキスティ・スコープ（驚き盤）の作り方が示されているので，参考にしてください。ちなみに，『Newton』では残像現象として『動き』を説明しています。」

A君　「映画といえば，エジソンだと思っていました。」

先生　「確かに，エジソン（Edison, T.A.）も1889年にキネトスコープを発明していましたね。これは，のぞき窓から見るものでした。フイルムを使って，たくさんの人が同時に見られるシネマトグラフを映画の発明とした方がいいでしょう。」

8.3　時間の知覚

時間は「空間とともに認識の基礎をなす」（広辞苑）とされ，古来さまざまに議論されてきているが，ここでは，「過去から未来に向けて出来事が起こっ

ていくというときの流れ」としよう。

　時間を知覚する直接的な感覚器官は存在しない。時間が意識できるのは，記憶にある出来事と現在という感じとの隔たりであろう。「現在」と言っても刻々と時間が過ぎていくことを実感しているのであって，現実にはないのかもしれないが，私たちは時間的な広がりをもった「今」あるいは「現在」という印象をもっている。

　A君　「確かに，たとえば『某月某日現在』と言われる場合には1日の幅があるし，『何時何分現在』といえば少なくとも1分間の幅がありますね。これは認知のようですね。知覚ではどうですか。」

　先生　「仮現運動のところでみたように，30 msec 以下だと同時と判断されます。200 msec 以上であれば，完全に異なった時刻と判断されていると考えられます。聴覚的には，3音節とか4音節の単語を聞くとき，そのまとまりで『現在』と感じているようですね。」

　A君　「そうですよね。電話なんかで『今何しているの』と聞かれれば，『電話している』とは言わないで，"さっきまでやっていて，電話が切れたら続きをすることになること" を答えますからね。ところで，時間についての心理学的な問題はどんなことがあるのですか。」

　先生　「時間の知覚というと，現在何時何分か，どれくらい時間が経ったか，過去のある出来事はどのくらい続いたか，などの絶対的な判断と，2つの時間的な間隔があるときにどちらが時間的に長いと感じる（た）かという比較判断でしょう。特に経過時間については知覚というより見積もり・評価と言うべきかもしれません。」

　時間を研究する際の基本的な用語として「時程」がある。「時程」とは何らかの方法で区切られた時間間隔を言う。時程の最初と最後に刺激が提示され，その間には何も提示されていない時程を空虚時程と言う。開始から終了まで刺激が提示されている時程を充実時程と言う。十数秒以内の比較的短い時間と実験室測定では空虚時程は充実時程より短く感じられるようである。この場合，経過時間であるので，2つの時程を比較して長短が判断されているが，対象が

時間ということで，同時に刺激を提示して比較（同時比較）することができなくて，前後して提示された刺激が比較（継時比較）される。継時比較条件では先に提示された刺激が過大に評価される場合と過小に評価される場合がある。前者を正の時間（順位）誤差，後者を負の時間（順位）誤差と言い，一般的に，負の時間誤差が生じやすいと言われるので，測定には注意を要する。

　直前に経過した数分以上の比較的長い時間の評価では，同じ時間間隔でも空虚時程より充実時程が短く感じられる。空虚時程では注意を向ける対象がなく，充実時程ではその対象が存在するため注意資源がそこにも注がれて時程の判断が短くなると考えられる。

　A君　「面白い授業はいつの間にか終了のベルがなっている感じですが，退屈な授業はなかなか時間が経たない，というような経験がありますが，これは注意と関係しているのですか。」

　先生　「そうです。退屈な授業と熱心に聞いている授業とでは注意の集中の程度が違うのです。そこそこに注意して聞いている授業と先生の話にのめり込んで聞いている授業とでは，やはり，後者の方が短く感じられるという経験があるでしょう。」

　A君　「そのような感じもします。でも，注意を向けていて，その程度が大きければ，なぜ，経過時間が短く感じられるのでしょう。生物時計のようなものがあってそこへ絶対時間を読みにいくのであれば注意の程度とは関係しないように思いますが。」

　先生　「生物時計といっても，絶対的な時刻を刻んでいるわけではないようです。『Newton』（2004年10月号）に記述がありますが，細胞内の化学反応のひとつひとつはせいぜい分程度で終わってしまうけれども，哺乳類なら視交叉上核（眼球からの視神経が交差しているところの少し上）にある細胞内のたんぱく質の増減によって24時間より少し長い周期を維持しているそうです。それで，日光などの環境要因によって24時間の時刻に修正して生活しているようです。人間の場合，どれくらい時間が経ったかを判断するとき，時計を見たり太陽の位置を見たりして物理的な時刻情報をもとに経過時間を判断したり，食事をしたとか時計で時刻を確認したというような事象からどれくらい時間が

経過したかを判断することになるのでしょう。そこで，客観的な経過時間と主観的な経過時間との差に驚くことがあるということなのでしょうね。

　ところで，注意が集中していると経過時間が短く感じられ，散漫だと長く感じられるのは，注意という資源が有限で，どこかにたくさん利用するとほかのところにはそれだけ少なくしか利用できなくなるので，話に夢中になっていると時間の経過をチェックするのが少なくなってしまう，と考えられます。授業が面白いから短く感じられるのではなく，授業が面白くなくて授業と関係ない作業に没頭していても，同じように短く感じられることからもわかるでしょう。

　ほかに，神経生理学的な興奮の程度で経過時間の感じ方が異なるようです。興奮していると長く感じられ，体温が下がっている状況では短く感じられるそうです。充実時程では，時間経過の中で刺激が存在するわけですが，一様に刺激があるよりも変化に富んでいるとその時程は長く感じられるようです。」

8.4 時空相対

　暗室で，A，B，Cと空間的に離れた点が一定の時間間隔で一瞬ずつ点灯していくとき，AとBよりも，BとCの方が空間的な隔たりが大きい場合には，AからBの時間よりもBからCの時間の方が長く感じられる。これは空間距離が時間知覚に影響していると考え，S効果とかκ（カッパ）効果と呼ばれる。逆に，等間隔に置かれているA，B，C点が，AからBと，BからCとで異なった時間間隔で点灯されたとき，これと対応して空間距離が異なって判断される。これは時間が空間的な距離知覚に影響していると考え，ゲルプ（Gelb）現象とかτ（タウ）効果と呼ばれている。松田（1981）によると，この2つの現象はほぼ表裏の関係にあり，①視覚のみならず触覚でも起こる，②仮現運動の起こりやすい条件とかなり一致している，③時間と空間を分離しようとする構えをとると，効果が小さくなる，④大人よりも子どもの方が強い，などの共通の特徴をもっている。心理的な時間と空間とは相互に密接な関係になっているとしてこれを心理学的「時空相対」と呼んでいる。

　　A君　「『時空相対』っていうと，時間と空間は相対的だという……。」

先生　「アインシュタインの相対性理論を思い起こしましたか。一定の速さで過去から未来に向けて流れている時間の考え方，ある意味で絶対的な時間観を示したのはニュートンだと言われています。空間もまた絶対的にあって，その中で物体が運動する，ということを科学として実証して見せました。そして，私たちが日常的に経験する限りでは正しいことがわかっています。しかし，原子を構成している粒子・素粒子の世界では，私たちが経験している絶対的な時間というものはなくて，観察者ごとに存在するものだということ，さらに，$-t$（時間が逆方向に進む）も考えることができると言います。これが正しいことが認められるというから話がややっこしくなります。観察者ごとに異なるというのは主観的であるということではなく，観察者と対象の事象との相対的な関係の中で観察者からの視点では事象はこのようになっていると把握される，ということでしょう。」

第9節　社会的知覚

9.1　社会的知覚・認知

　先生　「ずいぶん以前に，下層階級の子どもは富裕層の子どもよりもコインを実際より大きく見る傾向にあり，高額な貨幣ほど過大視しているという研究が報告されました。これは社会階層が知覚に影響を及ぼしている証拠とされました。」
　A君　「ありそうなことですね。」
　先生　「こんな経験はありませんか。講堂の演壇に立って，入学式の告示をしている校長先生が何かしら大きく見えていたけれども，演壇を降りて先生たちの列に並んで立っているのを見て，背丈が普通であるのに驚いた，という経験はありませんか。」
　A君　「学校ではないですけど，著名人の講演会でそんな経験をしました。」
　先生　「社会生活上，あるいは，人間関係などを背景にして，対象の人やものの把握が異なる現象を取り扱う研究領域は社会的知覚とか社会的認知と呼ばれています。先の校長先生の例のように情報が追加されることによって対象の

印象がぱっと変わって正しくなる場合と，なかなか変わらない場合があるようです。なかなか変わらないことで私たちは安定した社会生活をしているのかもしれません。」

　A君　「社会的知覚と社会的認知はどう違うのですか。」

　先生　「前にみてきたように，知覚と認知の違いですが，外界の刺激によって直接的に引き起こされる印象が知覚で，多少とも思考や推理が働いて把握することが認知でしょう。」

　A君　「社会的認知の例としてはどんなものがありますか。」

　先生　「人の顔を見て，知っている人だというのは知覚でしょうが，揚げ足を取られてひどい目にあうかもしれない人だと推測するのは認知でしょうね。疲れた顔をしているというのはどちらにも入りそうですね。人の顔というのはそういう点で面白い対象です。」

9.2　顔の認知

　先生　「A君，『顔』の定義ができますか？」

　A君　「急に言われると……。」

　先生　「辞書的には，頭の前面で目鼻がある部分，というところでしょうか。目鼻口という構成要素が示されて『顔』が知覚されます。『顔』は何ものかの前面にあって多少ともそのものを代表するものでもあります。ロールスロイスやベンツの特徴はそれぞれの車の前面に表れています。人の場合は前面のほんの一部ですが，これがその人らしさを表しています。『顔ぶれが出揃う』『顔をつぶす』『顔を曇らせる』など，の用例は顔の抽象的な側面を示しています。代議士などが挨拶のとき，お辞儀をしているのに，顔は正面向いている，という図は『顔』の重要性を示しているのかもしれませんね。」

　A君　「『顔』についてそんなに深く考えたことがなかったですが，言われてみればっていう感じですね。」

　先生　「『形の知覚』のところでも言ったように，顔の写真をさかさまにすると人物同定が難しくなります。これは，顔を構成している主要な材料の空間的な配置が人物特定に重要な情報をもっていることを推測させます。ところがことはそう簡単ではないようです。」

A君　「それはどういうことですか。」

先生　「その前に顔研究について触れておくと，顔の認知については比較的古く，1960年代から研究されています。赤ちゃんにいろいろな顔を見せてそれぞれに対して違った見方をしていることを注視時間を指標にして研究されてきました。顔のパーツでは目が重視されるのは3ヶ月頃から見られます，6ヶ月頃には『人見知り』という現象からわかるように見慣れた人とそうでない人を区別できるようになることが知られています。70年代になると，ものの認知では『もの』のカテゴリーの同定，つまり，そのものは何かと判断することが中心となっているのに対して，顔の認知では，個々の顔の同定，つまり，それは誰かを判断することが中心となっているという指摘がされています。顔には眉・目・鼻・口のパーツがあり，それらのわずかな位置的差異が顔の同定に関わっている，つまり，極めて同質性の高い材料がどのように処理されているのかが関心の的になっていました。顔の認知でも，エッジ処理（顔の輪郭など）と要素処理（顔のパーツなど）が主張されてきましたが，90年代になると，顔の認知は，関係処理（目・鼻などの要素間の位置関係）と表面処理（陰影や色など）に依存して行われる，と以前とは異なった次元が指摘されているようです（辻井・伊東, 2000）。

さて，前にさかさまに提示された顔は同定するのが困難だと言いました。以前の研究で再認成績が落ちることが知られており，これを顔認知の倒立効果と言うそうですが，この効果とネガ効果（顔のポジ写真の認知に比べるとネガ写真での認知が低下する現象）を辻井・伊東（2000）が実験的に検討しています。顔の要素変形（目の大きさを変える）と関係変形（眉・目・口の位置を変える）を材料とし，異同判断の誤答率を指標にして検討していますが，結果は，倒立提示が関係処理を選択的に妨げるのに対して，ネガ提示は要素処理と関係処理の両方を等しく妨げることが示されたそうです。さかさまの顔の場合は顔のパーツの位置関係の処理が妨害されるのに対して，ネガ提示では，パーツの位置関係とパーツの形の処理で妨害されたそうです。」

A君　「難しそうな実験ですね。」

先生　「郷田・宮本（2000）は，感情判断に及ぼす顔の部位の効果について報告しています。顔の合成表情写真を提示して感情判断させたところ，怒

り・恐れ・驚き・悲しみでは目の周辺の影響が強いこと，嫌悪・幸福は口周辺の影響が強いことが示されたそうです。だいたい日常経験で知っているところと一致しているようですね。もう1つ，感情表出した顔写真を再認材料にして再認記憶の実験が報告されていますので，紹介しておきましょう。木原・吉川 (2001) は，イメージ操作条件（ターゲットの真顔写真の提示前にイメージする感情を指示する）と示唆的特徴発見条件（ターゲットの提示後それぞれで最も特徴のある部位［頭髪・額・眉・目・鼻・口など］を指摘させる）という2条件で顔の再認記憶を測定しました。全体としての再認成績は2条件間で差異はなかったのですが，イメージ操作条件では5分後でも1週間後でも成績に差異はなかったのに，示唆的特徴発見条件では1週間後の成績が低下していることがわかったそうです。日常生活で人の顔を記憶しておくことが求められることが少なからずありますが，その場合その人の感情表出した顔をイメージしておくと記憶保持がいいということですね。」

　A君 「なるほど，実験で確かめられていることですから，使わない手はないですね。そういえば，初めて出会った友達の友人がチラッと見せた怒りの表情をもった顔と彼の名前とがずっと記憶に残っているという経験がありますね。」

　先生 「ところで，医学の方でも，顔研究が進められているようですね。小山善子さんのwebページ (http://www.p.kanazawa-u.ac.jp/life/koyama.html) によると次のようです。後頭葉の損傷患者で相貌失認が出現することが昔から指摘されているそうです。最近の臨床研究でも両側後頭側頭下部の損傷では熟知相貌失認は重度で持続的であるが，未知相貌の弁別・学習障害は軽微である，一方，右側一側損傷でも相貌失認は出現するが一過性であり未知相貌では弁別・学習障害は高度となるそうです。また，顔の認知について脳内の処理過程に関して報告されているようです。中村ら (1999) はA：顔を受動的に見るだけ，B：顔が左右どちらを向いているかを判断させる，C：顔が知っている顔か知らない顔かを判定させる，という課題で，PETやMEGを記録して調べたところ，C課題のとき側頭葉先端部下面，扁桃体，海馬，帯状回に血流量増加が認められて，顔の詳細な情報の処理には側頭葉下面および側頭葉内側面の部位が重要な役割を担っているだろうとしています。」

第10節 バーチャルリアリティ

　バーチャルリアリティ（virtual reality）とは、「コンピュータの作り出す仮想の空間を現実であるかのように知覚させること。人間が行けない場所でのロボット操作などにも応用する。仮想現実。仮想現実感。」（広辞苑）。

　先生　「A君，バーチャルリアリティという言葉を聞いたことがありますか？」
　A君　「あります。仮想現実……。」
　先生　「そう，そのように言われていますが，『日本バーチャルリアリティ学会』ではいい訳語ではないと言っています。アメリカの辞書を引用して，バーチャル（virtual）とは『見かけや形は原物そのものではないが，本質的あるいは効果として現実であり原物であること』と言い，このままバーチャルリアリティの定義にできると言っています。これは，日本バーチャルリアリティ学会の初代会長の舘暲さんがこの学会のwebページ（http://www.vrsj.org/main.html,「バーチャルリアリティとは」）で述べておられることです。」
　A君　「仮想的，とか，虚構的，というのではないということですか。」
　先生　「そうです。仮想というのは仮に思うことで，現実ではないわけですが，バーチャルとは現実と同じ効果をもたらすことで，仮想敵国の仮想とはならないということです。確かに，語源的にバーチャルはvirtueの形容詞ですから，美徳とか本質ということで，そのものがそのものらしく存在する性質，といったところに関わって理解すべきでしょう。だから断じて『虚』ではないのでしょう。」
　A君　「なんだか，哲学的な話になっていますが，見かけ上現実感がある，そういうことを実現する技術に関係している，ということではないのでしょうか。」
　先生　「そのとおりですね。先ほどの舘暲さんが同じwebページでそのあたりのことを述べておられますので，次に少し引用してきましょう。」

そもそも人間がとらえている世界は人間の感覚器を介して脳に投影した現実世界の写像であるという見方にたつならば，人間の認識する世界はこれも人間の感覚器によるバーチャルな世界であると極論することさえできよう。それは，人間の視覚が電磁波のうち光と呼ばれる 0.40 から 0.75 マイクロメートルというきわめて限られた領域を検出するに過ぎず，聴覚も空気の振動の内わずか 20Hz から 20kHz というこれまた限られた部分を感知しているに過ぎない。触覚，味覚，嗅覚，においてはさらに分解能の低い感覚器によりこの世界をとらえているわけである。人間は科学技術を進展させ，このバーチャルな世界を拡大してきた。ハッブルスペーステレスコープのとらえた宇宙の映像，STM（Scanning Tunnel Microscope）を介して観測した原子の世界はこの宇宙の本質を人間に伝えるのである。人が何をバーチャルと思うかも重要な要素である。つまり人が何をその物の本質と思うかによって，バーチャルの示すものも変わるのであると考えられる。

このようにバーチャルリアリティは本来，人間の能力拡張のための道具であり，現実世界の本質を時空の制約を越えて人間に伝えるものであって，その意味でロボティクス，特にテレイグジスタンスの技術と表裏一体をなしている。(http://www.vrsj.org/main.html)

A君　「具体的には，どのようになっているのですか。」
先生　「"現実感のある体験ができる" ということで，たとえば，時間経過にともなう太陽，地球，月の位置関係を適当な距離から観察する，水の分子の構造を見る，などは，模型などによって経験できます。これらは従来からのもので，空間次元が構造化されていますが，近年ではコンピュータを利用して空間次元に加えて時間次元を含めた形でシミュレーションすることが提案されています。たとえば，宇宙にはいろいろなタイプの銀河が存在しますが，それらの銀河の生成過程の教材用のシミュレーションが試作されています。核融合科学研究所の理論・シミュレーション研究センターでは，このセンターで開発されたバーチャルリアリティシステムを紹介しています。正式には，『バーチャルリアリティ可視化システム』（CompleXcope）と言うそうですが，web ペー

第 10 節　バーチャルリアリティ　**81**

ジ（http://www.tcsc.nifs.ac.jp/main/xcope/xcope.html）に紹介されているところでは次のようです。」

　　このシステムの中心部は 3m 四方の部屋で正面・左面・右面・床面がスクリーンになっていてここにステレオ画像が投影される。システム利用者は液晶シャッター眼鏡をかけてこの部屋に入る。液晶シャッター眼鏡にはセンサーがついていて，磁気を利用した位置・方位検出装置がその眼鏡をかけている人の目の位置・向き・傾きを常に感知している。この視点情報を基にして，4つのスクリーンに投影される映像がリアルタイムで更新される。利用者が部屋の中を歩き回ったり，しゃがんだりしても，常にそこから見えるべき映像が投影されるので，すべてがリアルに見える。この点が，いわゆる立体映画のような視点が固定されている受動的な立体視とは異なる。

　A 君　「なんだかすごい装置ですね。これは核融合の研究で必要になるシステムなのでしょうか。」
　先生　「解説ではこのシステムを利用することで，データを可視化してシミュレーション研究ができるようです。理論モデルを可視化して提示することで理論がとてもわかりやすくなりそうですね。
　ところで，A 君，シミュレータという言葉を聞いたことがありますか。」
　A 君　「知ってます。フライト・シミュレータは飛行訓練装置です。」
　先生　「かなり以前からフライト・シミュレータは視覚ばかりでなく，重力に関するリアルな体験も可能となっているそうですね。不適切な操縦桿操作は急旋回・急上昇・急降下などが生じますが，それに対応する体験ができるとか。確かに，こうして地上でかなり熟練してから実際に飛んで練習しないとコストがかかって仕方ないでしょうね。ところで，10年ほど前に設立された，こうしたバーチャルリアリティ技術を活用した商品開発・販売をしている企業があるようですよ。『ブイ・アール・テクノセンター』という第 3 セクターの株式会社で，VR ベンチャー支援や人材育成・研修などの事業を行っているようです。」

A君　「近頃カタカナの名前の企業が多くて，名前からではよくはわかりませんね。どんな製品を開発しているのですか。」

先生　「VR・ロボット研究開発事業，という部門では，オーニソプター（ornithopter）アドベンチャーという商品があります。これは6面没入型立体映像システムを利用したゲームで，オーニソプターという羽ばたく飛行機で模擬空間を飛び回って仮想体験するものだそうです。プレイヤーは液晶シャッターゴーグルをつけて部屋中央のコックピットに座ってジョイスティックを操作して飛行します。これは，先ほどの『バーチャルリアリティ可視化システム』と関係があるのかもしれません。さらに，『拡張型VRシミュレータ』という商品があって，注文に応じて宇宙探検やフライト・シミュレーションなどのコンテンツを製作して販売するそうです。これはブースタイプになっており，映像はヘッドマウントディスプレイによって与えられ，ジョイスティック操作が可能となっています。これはいわば汎用型のシミュレータですが，ドライビング・シミュレータ（模擬運転装置）という商品があり，本社の所在地の岐阜の市街地，山道，高速道路，夜間，雨の日，雪道などの走行体験ができるそうです。」

A君　「それらはどれくらいリアリティがあるのでしょうか。」

先生　「ドライビング・シミュレータは岐阜市の運転者講習センターに納入されているらしいので，確かめてみたらいかがですか。これはゲームセンターのブースのようになっていますので，限定された視野となりますから，わき見運転すると現実感はなくなるでしょうね。」

A君　「ほかにも何か作っていますか。」

先生　「『VR地震体験シミュレータVRES-2』というものです。これは地震の揺れを体験させるのではなく視覚的な地震状況でどういう行動をとればよいかというようなことについての知識を獲得することをめざしているようです。視覚情報はヘッドマウントディスプレイを通して実写映像が提示されるようで，臨場感は高いようです。この装置は池袋都民防災教育センター・池袋防災館に設置されているそうですので，そちらで経験できますね。」

第11節　人工知能

　人工知能とは，「推論・判断などの知的な機能を人工的に実現したもの。多くの場合，コンピュータが用いられる。知識を蓄積するデータベース部，集めた知識から結論を引き出す推論部が不可欠である。データベースを自動的に構築したり誤った知識を訂正したりする学習機能を持つものもある」（広辞苑）。

　先生　「A君，『人工知能』というときどんなことを思い浮かべますか。」
　A君　「まず最初はロボットですね。テレビで剣玉をするロボットを見たことがあります。それから，チェスや将棋するもの，かな。」
　先生　「そうですね。2足歩行する人間らしい形をしたロボットとか，大学生による国際的なロボットコンテストで見られるロボットなどですね。それから，日本語ワープロもれっきとした人工知能の事例ですよ。」
　A君　「ワープロが……ですか。」
　先生　「そうです。"優秀なAIによって漢字変換が格段によくなった……"とかつて言われましたが，このAIはArtificial Intelligenceのことでまさしく人工知能ですね。人工知能研究に2つの側面があると言ってもいいかもしれません。人工知能学会のwebページの説明（http://www.ai-gakkai.or.jp/jsai/whatsai/AIwhats.html）によると，『人間の知能そのものを持つ機械を作ろうという立場と，人間が知能を使ってすることを機械にさせようという立場』があって，実際の研究の多くは後者の立場で行われているそうです。」
　A君　「人工知能の研究では，いつも何かの機械を作っているのですか。」
　先生　「さっきの立場で言うと後者の立場で，人間の知能の一部が機械で実現されている場合ですね。剣玉もそうですし，産業ロボットもそういう領域の産物でしょう。しかし，知能の一部が働いても表立っては特に何も起こらないともありますので，そういう領域では機械と結びつけるのが難しいこともありますね。先ほどのワープロは，入力に対して処理をした結果がディスプレイに表示されるだけということです。実は，人工知能の研究では，そういうことの方がずっと多いようです。知能が働いているということは考えること，つまり，

蓄積された経験（知識）から，課題解決に必要な情報を検索すること，ですから，人工知能研究では，これらをコンピュータ上で実現することをめざしているので，課題解決のためのシステム作りをしていると言えるでしょう．もっと具体的に言えば，そのようなことを実現するプログラムを作ることだと言えるでしょう．」

A君 「具体的にはどんな研究が行われているのですか．」

先生 「先ほどの人工知能学会の web ページ (http://www.ai-gakkai.or.jp/jsai/whatsai/AIresearch.html) によると，18 の分野にまとめられています．それらのうち，知覚・認知に関係するものをざっとみてみましょう．

まず『音声認識』，これは，マイクに向かって話した内容をコンピュータに理解させるものです．夜部屋に入って"明かり"とか"ライト"と言うと蛍光灯がともり，"エアコン"と言えばエアコンが動き出す，といったもので，カーナビなどで実用化しているそうです．誰が話しているかを特定する研究も進んでいるようです．

『画像認識』はカメラなどで撮った内容をコンピュータに理解させるもので，画像の内容を理解させる画像理解と絵の明るさや色調を変える画像処理とに分類されており，前者は研究中で後者の画像処理はすでに実用化されているそうです．『感性処理』は認知科学や人間工学の知見をもとにして，感じが暖かいとか冷たいといった感覚をコンピュータ上で実現しようとするものです．

『自然言語処理』は，人間がふつうに使っている言葉（自然言語）の文章の意味内容をコンピュータに理解させるものです．これには先の音声認識や情報検索と呼ばれる分野の研究も必要となります．この研究が進めば，口頭表現の自動翻訳ができることになります．私たちの日常使っている言語はいつも必ず文章となっているとは限らないですが，よほどでない限り私たちはそれを理解できなくはありません．コンピュータがこれをうまく実行するのはなかなか困難のようです．『情報検索』は蓄積されたデータの中から必要とするものを見つけ出すためのものです．インターネットで検索をかけるときに使われている技術です．

『エキスパートシステム』はいわゆるベテランのもっている問題解決方法をコンピュータ上で実現しようとするもので，専門家の知見をルールとして蓄積

し，推論の手法を用いて問題を解決するシステムです。ルールの蓄積は知識の構築でもありますので，この分野の手法が利用されることになります。また，『推論』とは，いろいろなルールを統合して矛盾のない答えに到達する手法だそうです。推論といえば，有名な三段論法がありますが，これが基本になっているようです。

　ほかに，『データマイニング』という技術があるようです。この用語は比較的大量のデータを処理するデータ解析手法として統計学でも用いられていますが，経済界の商品流通の観点から膨大なデータをもとにして売れ筋の商品を導き出す手法として用いられています。用語のもともとの意味は，マイン(mine) だろうと思いますが，これは鉱石を掘り出すことですから，データマイニングは膨大なデータから有用な情報を取り出すことを意味すると考えられます。このことは，知識の集積に関係しているので，エキスパートシステムの限界を克服する手法を提供しているように見えます。」

　A君　「少しは聞いたことのあることが出てきましたが，やはり難しそうですね。ゲームなどが出てくるかと思っていました。」

　先生　「コンピュータとチェスの名人が対戦してついにコンピュータが勝ったという記事が以前に出ていましたね。でも聞くところでは，囲碁のプログラムはなかなか強くはなれないようで，とても専門家の相手にはなれないとか。人間の指し手は碁盤を分割して碁石の位置関係を模様のように考えたり，それらを総合して判断したりするそうですが，コンピュータではすべてチェックすることで対処しているので，ときに膨大な時間がかかってお手上げになったり，という状況だそうです。いわゆる定石ということがあり，そうした知識と盤上の把握に格段の差があるのでしょうね。パターンとして把握するということは，そこに形を見ることですからね。」

第2章のキーワード

エキスパート・システム,可視化システム,感覚量の測定,キメの勾配,錯視図形,錯視量,錯覚,視空間の異方性,時程,シミュレーション,主観的等価値,受容器,情報処理,図地反転図形,生物学的運動知覚,体制化の要因,認知過程,輻輳運動,誘導運動

【参考文献】

ギルフォード, J.P. 秋重義治監訳 1971 精神測定法 培風館
郷田 賢・宮本正一 2000 感情判断における顔の部位の効果 心理学研究, **71**(3), 211-218.
木原香代子・吉川左紀子 2001 顔の再認記憶におけるイメージ操作方略と時差特徴発見方略の比較 心理学研究, **72**(3), 234-239.
Kikuchi, T. 1971 A comparison of similarity space and semantic space of random shapes. *Japanese Psychological Research*, **13**, 183-191.
松田文子 1981 心理的時間「別冊・数理科学『時間』」 サイエンス社 pp.120-125.
盛永四郎 1935 大きさの同化対比の条件 増田博士謝恩記念論文集 岩波書店 pp.28-48.
中村昭範他 1999 顔の弁別と認知―多角的アプローチ― 1999年度生理学研究所研究会／第3回脳磁場計測によるヒト脳機能の解析, http://www.nips.ac.jp/kenkyukai/1999/14/3.html.
大山 正 2000 視覚心理学への招待―見えの世界へのアプローチ― サイエンス社
Shepard, R.N., & Metzler, J. 1971 Mental rotation of three-dimensional objects. *Science*, **171**, 701-703.
鷲見成正 1997 Point-Light Walkerの知覚と動作的認識 映像情報メディア学会技術報告, **20**(40), 51-56.
辻井岳雄・伊東裕司 2000 顔の認知における関係処理と要素処理―倒立効果とネガ効果の比較 心理学研究, **71**(4), 325-330.
Wertheimer, M. 1912 Experimetelle Studien über das Sehen von Bewegung. Zeitshrift für Psychologie, **61**, 161-265.

第3章

記　　憶

A君「朝目覚めたとき，今の自分がきのうの自分と同じ人間であることに何の疑いももちません。考えてみると不思議です。」

先生「このような自己の同一性を支えているのは記憶の連続性があるからです。哲学者パスカル（Pascal, B.）が，"記憶は，理性のあらゆる働きにとって，必要である"（パンセ断章369）と述べているように，人間の精神機能を構成する働きの中心が記憶です。記憶がない状態を考えれば，記憶がいかに大切な働きであるかわかるでしょう。」

A君「記憶がなければ過去はなく現在があるのみで，記憶があるから，きょう経験したことを将来役立てることができ，友人の名前や顔を想い出すこともできるのですね。」

先生「人間や動物が環境に適応して生きていくためには何が危険か，そして何をいつどこで食べたらよいのか覚えておかねばなりません。音や光景，匂い，味など環境から得られた情報，自分自身の行動やものの考え方などが必要なときに呼び出せるよう，脳に貯蔵できる符号に置き換え，必要なときに検索して取り出し，行動を助けてくれるのが記憶の働きです。」

A君「したがって記憶は現代の心理学や神経科学の領域において，精神や脳の働きを考察するうえで非常に重要な分野となっているのですね。」

人間の認知機能の中で，知覚が環境に今現在存在する情報を取り入れ解釈する働きであるのに対し，記憶はその多くが過去の出来事や経験を取り入れ，それを未来に利用できるように脳の中に記録する働きである。本章では，人間の記憶の機能と構造に焦点を当て，どのように情報が処理され，またどのような

システムによって記憶が構成されているかという問題について考察していく。

第1節　記憶の研究法

1.1　初期の記憶研究

　A君　「試験のたびに，もっとたくさんのことを覚えることができたらどんなにすばらしいだろうと思ってしまいます。」

　先生　「記憶をよくしたいという人間の共通の願望が，心理学の分野でも記憶の研究が始まるきっかけになっています。科学的心理学が誕生した19世紀後半にすでにエビングハウス（Ebbinghaus, H.）は，自らを被験者として記憶実験を行いました。エビングハウスは言語材料に興味をもち，無意味綴りを刺激に用いた実験を行っています。」

　A君　「無意味綴りとは，心理学の初級実験で覚えさせられた，"テメ""ヘホ"など意味のない単語ですね。なぜこのような材料を用いたのですか。」

　先生　「意味の影響を受けない，純粋の記憶の純粋形態を探ることを研究としたからです。"イヌ"や"リンゴ"など普通の単語を材料にすると，使用する語によって語に含まれる意味の程度（有意味度）に違いが出て記憶のしやすさが変わってしまいますね。」

　A君　「エビングハウスの実験からどのようなことがわかりましたか。」

　先生　「被験者は最初無意味綴りリストをすべて暗唱できるまで学習します。しかし完全に記憶したリストも，一定の時間が経過すると再生できなくなります。しかし，この忘却の過程は学習後1日以内は急速に進みますが，それ以後は忘却はあまり進行しません。」

　A君　「つまり，忘れたと思っていても実は脳の中には記憶はある程度残っていて，もう一度学習すれば，最初よりも少ない回数でその材料を記憶できるということですね。」

　先生　「ですから，試験勉強も一定の時間をおいて繰り返し学習することが大事です。」

　ドイツの心理学者エビングハウスは，「再学習（relearning）」と「節約法

（savings method）」という実験方法を考案して，記憶に関する近代的見解を確立した。実験ではまず，被験者は無意味綴り，たとえばRUZ，POV，KEBなどの無意味綴りから構成されるリストを1つずつ最後まで読んでいく。この手続きを何度も繰り返すと，ついには正しい順序で項目を暗唱することができるようになる。そのとき必要とした学習数が原学習試行数（L_1）である。この記憶がどのくらい長く持続するかを測定するために，一定の時間後，もとのリストの項目を再学習するのに必要な試行数を測定した。これが再学習試行数（L_2）で，L_1とL_2を比較することにより，記憶の保持の程度がわかる。すなわち，最初に学習したときの試行数よりも，再学習に要した試行数の方が少ないとき，この差は節約を示しており，記憶の速度として使うことができる。この節約法を用いることにより，エビングハウスはさまざまな時間経過後の記憶の喪失の程度を記録した。図3-1は，節約率（（$L_1 - L_2$）/$L_1 \times 100$）をプロットしてできあがった曲線で，この図を見てわかるように，記憶は最初のうち急速に失われ，その後消失の割合は減少する。その後の研究から，この曲線は，連想や意味が関与しない材料に対する人間の一般的記憶パターンをとらえていることが明らかにされている。

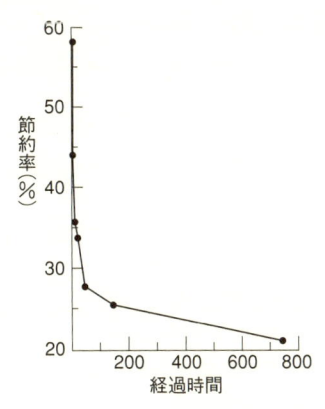

図3-1　エビングハウスの保持曲線

たとえば30日（720時間）後にテストされたとき，被験者はどのくらい無意味綴りを覚えていたかがわかる。この曲線から，再生は急速に減少し，そのあとプラトーに達する。プラトーから下へはほとんど忘却は起こらない。もっとも急激な再生の減少は，学習後最初の1日の間に生じる。

1.2　人間とコンピュータの記憶

A君　「今も記憶の研究は，エビングハウスのように実験材料に無意味綴りを用いることが多いのですか。」

先生　「いいえ。記憶の研究はエビングハウスの研究成果のうえに発展してきましたが，現代の心理学者はエビングハウスよりも，文章や出来事，イメー

ジなど意味のある情報を人間がどのように記憶しているかという問題に関心を向けています。人間が受け入れ，処理し理解できるものすべてが情報です。現代の記憶理論の多くは，エビングハウスの時代にはまだ考案されていなかった認知情報処理の枠組みに基づいています。」

A君　「認知情報処理的枠組みとは，人間の脳の働きをコンピュータにたとえて考察していく考え方ですね。」

先生　「そうです。情報を記憶するという点では，コンピュータは人の脳と非常によく似た働きをしています。特に，記憶の処理過程を符号化，貯蔵，検索という3つの段階に分ける考え方はコンピュータの情報処理そのものと言えます。しかし，人間にはコンピュータとは違うところもあります。」

A君　「人間の記憶がコンピュータと違う点は何ですか。」

先生　「データを取り入れる速度はコンピュータの方がはるかに勝っています。しかしコンピュータとは異なり，人間は連想により，次々物事を思い浮かべたり，経験により自分にとって重要な事柄をいち早く取り出すことができます。また，人間には感情があり，特に印象的な出来事は記憶に残りますが，コンピュータでは入力された情報は同じように扱われます。また，人工知能の分野では，コンピュータにはない人間の記憶の特性を取り入れて，より人間に近い情報処理システムの開発をめざしています。」

1950年代以降のコンピュータの出現とともにそれまでの記憶の研究の流れは一変した。人間の認知過程をコンピュータの働きから類推する記憶の「情報処理モデル（information-processing model）」が提唱され，記憶のメカニズムの実用的モデルを作ることができ，記憶の理解が深まった。しかし，コンピュ

表3-1　人間の記憶とコンピュータの処理の特徴

	人間	コンピュータ
情報の保持	劣化・変化	全か無
効率（記憶速度）	低	高
容量	経験に依存 （限界が不明）	経験に依存しない （限界が明瞭）
検索	文脈に依存	文脈から独立
以前の検索に	依存する	依存しない
目的	多目的	特殊な目的
感情・動機づけの影響	受ける	受けない

ータと脳は類似しているところと異なるところがある。表3-1に示すように，人間の情報処理にはコンピュータ本来のデータ処理とは基本的に異なる特徴が存在する。たとえば，人間の脳に貯蔵された情報は徐々に劣化もしくは変化していくと考えられるのに対し，コンピュータでは変化はないが，一瞬のうちに消失することがある。1980年代後半からは，脳測定法の進歩により記憶に関わる人間の脳の各部位機能が次第に明らかにされるようになり，現在では神経心理学的知見を取り入れた理論が発展しつつある。

第2節　記憶の処理過程

2.1　符号化と貯蔵

A君　「人間や動物さらにはコンピュータに共通して見られる記憶の特性は何でしょうか。」

先生　「どのような記憶システムでも，情報を後で利用しやすい様式に『符号化（encoding）』し，それをある時間『貯蔵（storage）』し，貯蔵したデータを『検索（retrieval）』して取り出す手段をもたなければなりません。この3つの過程を順に考えてみましょう。まず符号化から記憶の処理は始まります。符号化は自分自身が経験した事柄を記銘する作業です。たとえば，先ほど隣の教室からどんな音が聞こえていたか覚えていますか。」

A君　「たしかピアノの音だったと思います。」

先生　「そうです。人間の場合，"ピアノの音を聞いた"というような，経験した内容に何かラベルをつけて覚えることが一般的です。それではなぜピアノの音を聞いたという記憶が残っていたのでしょう。」

A君　「私がよく知っているショパンの曲だったので，すぐにピアノの音が思い浮かびました。」

先生　「つまり，新しく入ってきた情報（ピアノ）を，A君がすでにもっていた知識（ショパン）に関連づけて覚えていたのですね。この働きは『精緻化（elaboration）』と呼ばれ，符号化がさらに進んだ段階です。符号化された情報は脳に貯蔵され，精緻化された情報ほど，長く貯蔵され，処理過程の最後の段階である検索が容易に行われます。」

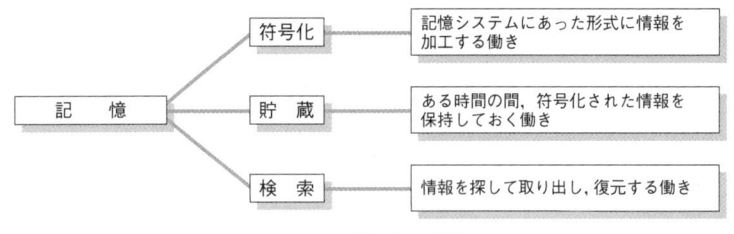

```
記憶 ─┬─ 符号化 ── 記憶システムにあった形式に情報を
      │           加工する働き
      ├─ 貯蔵 ─── ある時間の間，符号化された情報を
      │           保持しておく働き
      └─ 検索 ─── 情報を探して取り出し，復元する働き
```

図3-2 記憶の処理過程

　記憶の処理過程は符号化，貯蔵，検索の3段階に分かれる（図3-2参照）。脳の中で符号化を行うためには，まず膨大な入力からある情報を選択し，それが光か，音か，匂いか，さらにはそれが人の顔か，音楽か，花の香りかなど，その情報の特徴が何であるかを知ることが必要である。その後情報は分類され，人間や動物などの個々の記憶システムにあった形式に加工される。このような符号化の過程は，多くの場合自動的で急速に進行するため，日常生活では，情報の符号化はほとんど意識されずに行われている。

2.2 貯　蔵

　A君　「どうして日本をはじめ世界各地の古代の文学は，詩をはじめとする韻文が多いのでしょう。」

　先生　「詩を構成する韻が記憶を助けるからです。かつては印刷技術がなく，耳から聞いて覚えるしか方法がなかったのです。人間は情報をできるだけ取り出しやすい形で貯蔵する工夫をしていたのです。日本の古典にも七五調で書かれているものが多いのも同じような理由があるでしょう。」

　A君　「書物に情報を記録できるのは，人間の記憶負荷をずいぶん助けたのですね。」

　先生　「私たちの脳が内部記憶貯蔵庫とすれば，書物は私たちの外部記憶貯蔵庫として働いています。コミュニケーションの専門家マクルーハン（Marshall McLuhan）は，近代社会になって人類は聴覚ではなく視覚をもって学習するようになったと言っています。」

　A君　「西暦2000年に米国で，"過去1000年の間でもっとも人類に貢献した人物は誰か"という調査で，活版印刷技術を発明したグーテンベルクが1位

に選ばれたのも納得できますね。」

　先生　「現代では，私たちは多くの外部記憶装置をもつことができるようになりました。」

　A君　「ビデオテープやコンピュータのハードディスクなどがそうですね。」

　先生　「日常生活でもメモをとったり写真に撮ったりするのも，私たちの記憶補助として役立っています。記憶に費やす脳の負担を減らし，脳の活動を記憶以外に用いることができるのです。『前向性健忘症（anterograde amnesia）』患者が，しなければならないことを紙に書いて目につくところに貼っておくというのも記憶補助の例です。

　ただ，私たちは，目から情報を取り入れる機会が多いにもかかわらず，脳の中ではそれを聴覚的に符号化した内容を貯蔵することが多いようです。たとえば先ほど説明した"精緻化"を意味する英語の単語は，er-で始まりますか，それともel-で始まりますか。」

　A君　「たしかにその単語を目で見て覚えたのに，どちらが正しいか想い出せません。」

　先生　「これまでの研究でも，被験者がいま見た文字列を再生するように求められると，rとlのように音として似ている文字の誤りが多く見られ，EとFのような視覚的に似ている文字間には誤りが少ないことが報告されています。言語の学習が可能であるのも，聴覚的に情報貯蔵が行われているからです。」

　貯蔵とは，符号化した材料を一定時間もしくは永久的に保持する働きである。新しく入ってきた情報がすでに貯蔵された情報と結合されるときには，保持される傾向が高く，そうでないときには，喪失されやすい。また，この材料を周期的にリハーサルしたり，使ったりすることで，保持は促進される。情報が意味のあるものほど，またその情報を想い出す機会が多いほど貯蔵の効率は高くなる。

2.3　検　　索

　A君　「きょうの心理学の試験は多肢選択問題から論述式問題に変更された

ため，十分に解答できませんでした。なぜ論述式試験は多肢選択問題よりも難しいのでしょうか。」

　先生　「それは検索の仕方が異なるからです。論述式試験のように，想い出さなければならない情報に関する直接的な手がかりがない状況は，再生（recall）と呼ばれます。

　A君　「たとえば，"記憶の３つの処理過程の最初の働きは何か？"というような問題ですね。」

　先生　「この場合，『符号化』という解答に至るためには，自分で過去の記憶をたどり，なんらかの手がかりを見つけ出さなければなりません。これに対し多肢選択課題は，目の前の情報が以前に経験したものかどうかを照合するだけでよく，このように検索の直接的な手がかりが与えられている状況は，再認と呼ばれます。たとえば，"記憶の処理過程で最初に行われる働きは次のどれか？　a. 検索　b. 貯蔵　c. 符号化"というような問題が再認課題です。」

　A君　「つまり，ある事象を脳の中に貯蔵していても，検索の仕方によっては，情報が取り出せないこともあるということですね。」

　先生　「再認と再生に関する身近な例としては，犯罪の目撃者に対して警察が行う尋問を挙げることができます。複数の写真から犯人の写真を選び出すという作業は，再認課題で，目撃者が犯人の特徴を述べて，警察の職員がその似顔絵を描くという作業は再生課題です。」

　A君　「再生では目の前に何も具体的な手がかりがないため，再生の方が再認と比べ，はるかに困難な作業であることがわかります。」

　先生　「ところで，無意味綴りを用いて記憶の実験を始めた心理学者は誰でしたか。」

　A君　「たしか"エ"で始まる名前だったと思います。正解を知っているという感じはあるのに，どうしても正解が出てきません。今なんとか答えを想い出すために，"エ"で始まる名前を思いつく限り心の中で言ってみたり，記憶に関する心理学の内容を想い出そうとしています。」

　先生　「このように想い出せそうで想い出せないもどかしい感じは『喉まで出かかる現象（tip-of-the-tongue phenomenon，TOT）』と呼ばれています。これは，私たちが単語や名前など言語的情報を再生法によって検索をする場合に日

常しばしば経験する現象で，検索が途中まで正しい方向に進んでいるものの，目の前にある情報を取り出せない状態を表わしています。英語では答えが舌の先まで出ているじりじりした状態という表現が使われ（Brown & McNeill, 1966），自分はこのことを覚えているはずである，という『メタ記憶（meta-memory）』の能力を人間がもっているために生じる現象とも言えます。」

A君　「この現象から再生は再認比べ，時間と集中力を必要とする能動的過程であることがわかりました。」

　記憶の情報処理過程の最後の過程である検索は，単に探すという働きだけではなく，必要とする情報を記憶貯蔵から取り出し，符号化された情報をもとの状態に回復する働きである。検索の効率はそれ以前の符号化の程度によって大きく左右され，精緻化された情報ほど手がかりが多く検索されやすい。検索の方法は，以前に与えられた情報の再現させる必要がある再生法と，以前に経験した情報かどうかを確認することが求められる再認法に分類できる。再生法は，検索に必要な手がかりを生成する作業をともなうため，一般に再認法よりも困難になる。喉まで出かかる現象は，再生による検索において見られ，音韻的あるいは意味的に正しい方向に検索が進行しているが，途中で検索が停滞している状態である。

2.4　符号化特定性原理

A君　「明日のフランス語の試験は，いつも講義を受けている教室ではなく，別の教室で受けなくてはならなくなりました。講義のときと同じ教室で試験を受ける学生に比べ，不利ではないでしょうか。いつもの教室で試験を受ければ，黒板や壁のしみ，さらには椅子の座り心地など，普段講義を受けていた教室の雰囲気が講義の内容を想い出す手がかりになると思います。」

先生　「何か新しい材料を覚えるとき，私たちはその材料に付随するさまざまな情報も同時に記憶していると考えるのは妥当です。自分では意識していなかった事象が，のちの検索において有力な手がかりとなるという事例として，何かほかに思い浮かびますか。」

A君　「紅茶に浸した焼き菓子マドレーヌを味わった瞬間，子ども時代に叔

母のもとで過ごした記憶が生き生きとよみがえった，というフランスの文学者マルセル・プルースト（Proust, M.）が描いた有名なエピソードを想い出しました。」

先生　「この話では，マドレーヌを見ただけでは何も想い出さなかったのに，それを味わった瞬間に過去の記憶が主人公の心の中によみがえりました。マドレーヌの形すなわち視覚情報はそれ以外の経験，たとえば菓子屋の棚で見たことなどによって子どもの時代の経験は消されていたのです。」

A君　「味覚や嗅覚といった原始的な感覚は，しばしば忘れていた過去の記憶を鮮明によみがえらせてくれるのですね。」

先生　「犯罪捜査でも，目撃者を実際の現場に立ち会わせて，証言を得るという方法が使われています。これも符号化と検索の状況を一致させることで，検索が促進されるという考えからきています。」

情報が符号化される状況と，その情報が検索する状況とが一致する度合いが高いほど，検索の効率は高まる。この現象は『符号化特定性原理（encoding specificity principle）』と呼ばれる（Tulving & Thomson, 1973）。この原理を支持する記憶実験として，水中と地上で単語リストを学習させたところ，水中で覚えたリストは水中で想い出す方が地上で想い出すよりも成績がよく，逆に地上で覚えた材料は水中よりも地上で再生した方が成績がよいという結果が報告

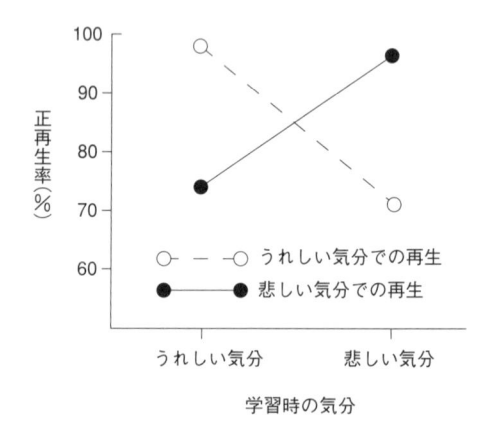

図3-3　状態依存記憶実験における単語の再生率（Kenealy, 1997）

されている (Godden & Baddely, 1975)。このように学習者が置かれている外的状況が本来の記憶とともに学習され，外的状況が検索の手がかりとなる現象は，特に『文脈依存記憶（context-dependent memory）』と呼ばれる。また，学習者自身の身体的あるいは感情的状態も検索の手かがりとして働く。たとえば，催眠や音楽で特定の気分（陽気，悲しみ，恐れ）を被験者の中に作り出して記憶課題を与えたところ，符号化時と同じ気分の催眠状態で再生したとき，もっとも成績がよくなるという結果が得られている（Kenealy, 1997, 図3-3参照）。この現象は状態依存記憶（state-dependent memory）と呼ばれ，アルコールや薬物によって被験者の内的状態を変化させた場合にも同様の現象が生じると予想できる。

第3節　記憶の基本システム

　　A君　「記憶は符号化，貯蔵，検索という処理によって過去と現在を橋渡しをする大切な脳の働きであることがわかりました。しかし，記憶にはいくつかの種類があると思います。たとえば，目を閉じた後も外の光景全体が一瞬目に残る場合，電話をかけるまで一時的に電話番号を覚えておく場合，子どものころからずっと使ってきた算数の九九を使う場合などです。」
　　先生　「いま挙げた例はそれぞれ，『感覚記憶（sensory memory）』『ワーキング・メモリ（working memory）』『長期記憶（long-term memory）』として分類できます。」
　　A君　「つまり記憶システムは単一のものではなく，脳の中には記憶に関わる3つのシステムが存在し，時間的寿命や情報量などの点で異なる記憶材料を専門的に処理し貯蔵しているのですね。各記憶システムは具体的にどのように働いていますか。」
　　先生　「コンピュータを例に挙げるとわかりやすいでしょう。たとえば資料をコンピュータに取り込むときどうしますか。」
　　A君　「まず本の内容をイメージスキャナで取り込みます。」
　　先生　「これは感覚記憶に相当します。情報はまだ写真のような映像で，情報量は膨大ですが，まだ内容の意味の理解まで至っていません。」

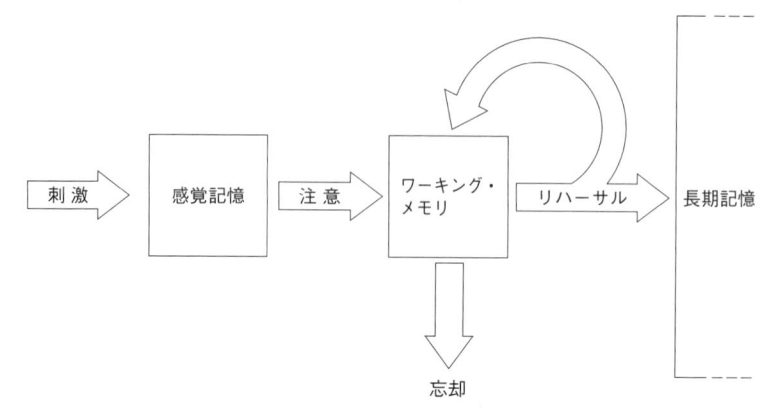

図3-4 記憶の基本システム

標準的な記憶モデルでは，記憶は3段階に分けられる長期貯蔵に送られる情報はすべて，感覚記憶とワーキング・メモリの処理を受ける必要がある。

A君　「次に，スキャンした映像から重要な部分だけを取り出して，作業しやすいように一時的に保管します。これがワーキング・メモリの段階ですね。」

先生　「そして最後に，情報を後で利用しやすいように分類し，すでに蓄えていた情報と関連づけて，記憶装置に貯蔵します。これが長期記憶に当たります。」

アトキンソンとシフリン（Atkinson & Shiffrin, 1968）は，それ以前の記憶研究を統合した記憶の三段階説を提唱した。すなわち，感覚情報はまず感覚記憶において瞬間的に保持され，その中の一部の情報がワーキング・メモリ（短期記憶）において符号化され短時間貯蔵される。そしてワーキング・メモリの中で保持された情報の一部はさらに長期記憶に送られる。長期記憶に貯蔵された情報は必要に応じて検索され，ワーキング・メモリに再び取り出されると考えられている（図3-4参照）。

3.1 感覚記憶

A君　「先生，今何か私に声をかけられましたね。あっそうか，きょうの心理学の講義はどのような内容かとたずねられたのですね。最初先生が声をかけられたときはただ声が聞こえただけでしたが，すぐに聞こえた情報を頭の中で巻

き戻して心の中で聞き直すことができました。」

　先生　「これは『エコーイック・メモリ（echoic memory）』と呼ばれる働きで，私たちは音が聞こえてから約数秒間は，その情報を加工せずにそのまま蓄えておくことができます。エコーイック・メモリは感覚記憶の1つです。」

　A君　「静止画を1コマずつ非連続に提示している映画が，つながって連続的に知覚できるのも，1コマごとの情報が視覚システムに短時間保持されるからですね。」

　先生　「視覚における感覚記憶は『アイコニック・メモリ（iconic memory）』と呼ばれ，1秒たらずで消失します。感覚記憶は，光景，音，香り，手触りなど感覚刺激の束の間の印象を留め，視覚，聴覚だけでなく，味覚や嗅覚，皮膚感覚など各感覚様相にも存在します。」

　A君　「感覚記憶がなければ，刺激が物理的に存在している瞬間にしか，その刺激を見たり聞いたりできなくなりますね。」

　先生　「感覚記憶は，寿命が短く，次のワーキング・メモリで利用でされるのはそのうちのごく一部です。」

　A君　「感覚記憶の寿命がもっと長ければ，それだけ多くの情報を取り入れることができるので便利ではありませんか。」

　先生　「決してそんなことはありません。私たちを取り巻く世界は常に情報にあふれ，新しい情報が絶え間なく感覚器官に入ってくるので，それにも対応する必要があります。感覚記憶は，感覚の連続性を作り出すためには十分に長く，また次の新しい刺激の処理を邪魔しないだけの短さである必要があります（Loftus, Duncan & Gehrig, 1992）。」

　スパーリング（Sperling, 1960）は，感覚記憶の1つアイコニック・メモリの研究を行った。この研究では被験者に図3-5に示すような3行4列からなる文字群が50ミリ秒間提示され，被験者はこれらの文字のうち4個か5個しかふつう報告できなかった。しかし，ほとんどの被験者は自分が報告できた文字数よりも多くの文字を見ていたという内観を報告した。このことから，視覚情報は刺激提示後すべて利用できるが，その寿命が非常に短いので，情報のほとんどは被験者が報告している間に消え去ってしまうのではないかという仮説が提

```
          刺激提示面              手がかり音

        ┌─────────────────┐
        │  R   Q   B   Z  │      高
        │                 │
        │  W   C   A   M  │      中
        │                 │
        │  F   K   N   T  │      低
        └─────────────────┘
```

図3-5 感覚記憶実験で用いられた刺激例
実験では左の提示画面が提示され，被験者は提示の直前もしくは直後に提示される手がかり音にしたがって，特定の行の文字を報告するよう指示される。

唱された。

　この仮説を証明するために，刺激提示の前後いずれかに3種類の手がかり音を提示し，3行の文字群のいずれか1つの行だけを報告させる手続きで実験を行った。その結果，手がかり音が刺激の提示直前もしくは直後に提示されたいずれかの場合には，12文字中9文字が報告可能であるという結果が得られた。しかし，刺激提示後0.3秒経って手がかり音を被験者が聞いたときには，6個にまで低下し，1秒後に手がかり音を聞いたときには4,5個にまでさらに低下した。この結果から，アイコニック・メモリは0.5秒くらいの寿命しかないのではないかと推定されている。

　感覚記憶は，感覚知覚の研究分野における感覚情報処理との区別が十分ではないため，記憶の過程には含められないこともある。記憶の3つの処理過程のうち，符号化は主にワーキング・メモリによって，貯蔵は長期記憶によって，検索はワーキング・メモリと長期記憶の相互作用として遂行される。

3.2　ワーキング・メモリ（短期記憶）

　先生　「ワーキング・メモリは，すぐに消え去る感覚記憶とより永続的な長期記憶とを中継します。ワーキング・メモリは，文字どおり今働いている記憶

で，3つの記憶システムの中で唯一私たちがその存在を意識することができる情報処理機構です。」

A君　「以前読んだ記憶に関する専門書ではワーキング・メモリではなく短期記憶という用語が使われていました。しかし最近，短期記憶に代わってワーキング・メモリという用語を耳にすることが多くなりました。それはなぜですか。」

先生　「従来の記憶モデルでは，感覚記憶から取り出された情報が長期記憶に送られる前に短時間保持される場所を短期記憶と呼んでいました。しかし，この記憶過程には，複雑な行動や思考，判断など何らかの認知活動にとって必要な情報を一時的に確保する働きがあると考えられるようになってきました。この場合，必要な情報は感覚記憶を通して外の世界から新たに入力されるだけではなく，すでに脳の中に長期記憶として貯蔵した情報を引き出してくる場合もあります。」

A君　「たしかに，知人にはがきを出すとき，手帳を見て住所を探す場合もあれば，以前記憶した住所を想い出すというような場合もありますね。」

先生　「いずれの場合もはがきを書き終われば，その情報は意識されなくなります。ワーキング・メモリは心の中に作業空間（working space）を提供し，新しい情報を分類し処理するのを助けます。

A君　「かけ算をしている途中で数字の位どりをしたり，電話番号をダイアルしているときだけ覚えておくというような，長期記憶に送る必要のない使い捨ての記憶もワーキング・メモリの働きですね。ワーキング・メモリは脳のどこで行われているのですか。」

先生　「記憶の神経機構についてはまだよくわかっていませんが，最近の研究では意識的な認知活動をつかさどる前頭葉でワーキング・メモリが行われているという説が有力です。」

ワーキング・メモリという概念は短期記憶に代わるより広い概念として提唱された（Baddely, 1986）。このモデルでは，ワーキング・メモリは中央実行部と音声ループ，そして視空間スケッチパッドの3つの部分から構成されている（図3-6参照）。音声ループは主に言語的な音声を扱い，一時的に電話番号を心の

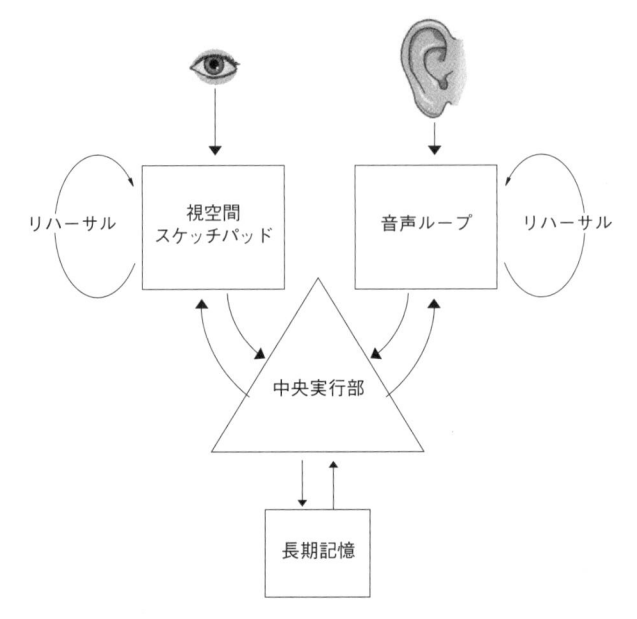

図3-6　**ワーキング・メモリの構造**（Baddely,1986より作成）

中で繰り返すというような作業を行う。視空間スケッチパッドは，これから向かう目的地までの地理的イメージを思い浮かべるといった，視覚的な空間イメージ情報を一時的に保管する場所である。さらにそれらの情報を利用して中央実行部が複雑な認知処理を行うと考えられている。ワーキング・メモリは作業記憶もしくは作動記憶とも訳され，最近の記憶理論では，短期記憶という言葉を使わず，ワーキング・メモリで統一される傾向にある。

3.3　記憶容量

　先生　「図3-7の次の数字列を見てください。最初の行には4つの数字が並んでいます。これをただゆっくりと読んでください。あえてそれを記憶しようと思ってはいけません。読み終わったら，視線を他のところに向けて，その数字を再生してみてください。もし正確に再生できたら，次の行に進んでください。数字の数が1つずつ増えていきます。そして正しく再生できない行まで同じことを繰り返してください。何文字まで正しく再生できましたか？」

$$5\ 8\ 7\ 4$$

$$3\ 0\ 1\ 9\ 7$$

$$2\ 3\ 8\ 4\ 7\ 1$$

$$3\ 6\ 2\ 1\ 8\ 5\ 4$$

$$8\ 2\ 3\ 0\ 1\ 4\ 5\ 9$$

$$7\ 4\ 3\ 2\ 8\ 1\ 6\ 5\ 9$$

$$4\ 7\ 0\ 9\ 1\ 3\ 7\ 8\ 9\ 2$$

図3-7　ワーキング・メモリ記憶容量測定のための実験刺激

　A君　「7文字まで正確に再生できました。」
　先生　「これがA君のワーキング・メモリの『記憶容量（memory span）』です。これまでの研究から，項目間に関連がないとき，ほとんどの人が平均して7±2個の項目を想い出すことができる，という結果が得られています。」
　A君　「日常生活でも7がつく事象が多く見受けられます。たとえば曜日の数とか，七福神，七色の虹とか，七人の侍という題名の映画もありました。」
　先生　「ワーキング・メモリは意識的に情報処理が行われる情報処理過程で，記憶のみならず知覚弁別など人間の情報処理一般において一度に扱える情報の数がほぼ7であるということもできます。」

A君　「もし7項目以上の情報をワーキング・メモリに押し込めようとするとどうなるでしょう。」

先生　「ちょうど7つしかない椅子とりゲームをしているようなもので、8番目のメンバーが入ってくると、それまで座っていた誰かが降り、記憶から消えていきます。ワーキング・メモリの容量は限られており、3つの記憶システムの中で最小の容量しかありません。このため、ワーキング・メモリは記憶システムの情報ボトルネックと見なされます。」

数字の『記憶範囲（digit span）』は、ワーキング・メモリの容量を測定する代表的な実験方法で、被験者にいくつかの数字を提示し、すぐに順序どおりにその数字を再生させる方法である。このような直後記憶の範囲は 7 ± 2 個の範囲におさまり、これは、数字でも文字でも、単語でも同じ個数しか覚えられないと言われている（Miller, 1956）。この説を提唱したミラーは、5〜9つのチャンクがワーキング・メモリで保持できると主張し、「不思議な数7プラスマイナス2（the Magical Number 7 ± 2）」という論文を発表している。チャンクとは、情報の1つのまとまりのことである。ただし、覚えられるチャンク数は、チャンクが大きい場合（8文字からなる語句）の方が小さいチャンク（1音節からなる単語）よりも、少なくなるという結果が報告されており（Simon, 1974）、全体的な情報量もワーキング・メモリに影響を及ぼすと考えられている。

3.4　チャンキング

A君　「なぜ容量の少ないワーキング・メモリが必要なのでしょうか。」

先生　「人間の記憶の仕組みを、机の上のスペースと書棚の関係を考えてみるとわかりやすいでしょう。書棚には多くの本を並べることができ、書棚には多量の情報が存在しています。しかし、この情報は手元にないためにすぐに利用できません。そのため書棚から本を取り出し机の上に置く必要があります。しかし机の上のスペースは身近で利用しやすい反面、スペースが限られて多くの本を置くことはできません。人間の記憶で机の上のスペースに相当するのがワーキング・メモリ、書棚が長期記憶に相当します。」

A君 「それでは，限られたスペースでたくさんの情報を処理するにはどうしたらよいでしょう。」

先生 「その1つの方法がチャンキング（chunking）です。たとえば次の数字を覚えてください。645710794538。」

A君 「12個も数字があり，人間の情報処理容量7を超えています。覚えるのはとても無理です。」

先生 「では数字を3つずつ区切って覚えたらどうですか。」

A君 「あっこれは，日本史の重要な出来事が起こった年号が4つならんでいるのですね。大化改新，平城京遷都，平安京遷都，仏教伝来と。これなら4項目を覚えるだけで済み，短期記憶の限界を超えていませんね。」

先生 「記憶のこつは，覚えるべき項目をまとめてチャンクにすることです。1つのチャンクに含まれる下位項目も7を超えないようにすればよいのです。チャンキングによりワーキング・メモリのスペースを解放することができます。」

A君 「アルバイトでレストランで客の注文を受けるときも，料理の種類に分けて覚えておけば，たくさんの客が一度にきても大丈夫ですね。以前登場人物の多さに筋がわからなくなったトルストイの小説『戦争と平和』も，登場人物を家族ごとにまとめて覚えておけば，読みやすくなりそうです。」

情報をいくつかにまとめることをチャンキングと言い，それぞれのまとまりをチャンクと言う。チャンキングは記憶術の主要な手段をとして用いられている。アメリカで行われた実験では，ある男性にランダムな数字列の記憶させる訓練を200時間かけて行った。その結果，被験者は最初7桁の数字しか報告できなかったが，最終的には80桁の数字を正確に再生できるようになった。この被験者は長距離ランナーで，数字を3〜4桁に区切り，各数字群を種々のレースの記録と対応づけることにより，数字スパンを大きくする方略を用いていた（Ericsson *et al.*, 1980）。このようにチャンキングでは，すでに貯蔵している情報に各チャンクを関連づけることが必要である。

3.5 リハーサル

A君「あす心理学の試験があり，たくさんの用語を覚えなければなりません。ワーキング・メモリの情報を長期記憶に送るにはリハーサルが必要と聞いたので，ただひたすら用語を声に出して繰り返して覚えています。」

先生「それはあまり効率的な方法とは言えません。」

A君「リハーサルはそれほど重要ではないのですか。」

先生「リハーサルには2種類あり，A君の行っているのは『維持リハーサル（maintenance rehearsal）』と言われるものです。記憶の働きについて十分な知識がないとき，人は維持リハーサルを採用することが多いようです。私たちも電話をかけ終わるまでひたすら電話番号を何度も繰り返しますね。しかしながら，維持リハーサルは，ワーキング・メモリの情報を長期記憶に効率的に転送することはできません。」

A君「符号化のところで出てきた精緻化が必要なのですね。」

先生「そうです。情報を記憶の中に長く留めるには，ただ繰り返すのではなく，情報を能動的に分析し，すでに貯蔵されている知識に関連づける『精緻化リハーサル（elaborative rehearsal）』が必要です。」

A君「たとえば『アイコニック・メモリ』という概念を新しく覚える場合，視覚的な『アイコン』というなじみのある言葉と関連づければ記憶に残りますね。」

先生「精緻化リハーサルされた内容は，意味的な連想がしやすくなり，検索するときの手がかりを増やす効果があります。」

ワーキング・メモリは短時間情報を保持するが，情報を心の中で繰り返してリハーサルしなければ，貯蔵された内容は約20秒で消え去ってしまう。リハーサルは維持リハーサルと精緻化リハーサルに分類することができ，前者が情報をワーキング・メモリに保持するだけの働きしかもたないのに対し，後者は情報を長期記憶に転送する役割を果たす。また精緻化リハーサルは符号化を促進することから，情報処理水準に関して深い処理が行われると位置づけられている（Craik & Lockhart, 1972）。

3.6 長期記憶

A君　「きのう10年ぶりに水泳にいってきましたが，うまく泳ぐことができました。長期記憶にはほぼ永続的に情報が保存されるということですが，水泳や，自動車の運転など，身体を使って学習した行動も記憶と考えてよいでしょうか。」

先生　「これらの行動を支えているのは技の記憶とも言うべき働きです。このような記憶は，おもに行動のプロセスを保持していることから，『手続き的記憶（procedural memory）』と呼ばれています。手続き的記憶は，学習の初期には意識的に行われますが，いったん定着すると消去されにくく，次第に行動が自動化され意識されなくなります。」

A君　「確かに水泳を覚えた直後は手足の動きが気になりましたが，いまではほとんど体の動きを意識しないで泳げます。」

先生　「日常的に行っている行動の多くは手続き的記憶であるため，その行動を遂行したという実感が残らないことがあります。」

A君　「実際には鍵をかけて家を出たのに，外出後しばらくしてかけたかどうか不安になるというような場合ですね。」

先生　「長期記憶には，この手続き的記憶とは別に『宣言的記憶（declarative memory）』という機能があります。たとえば，夏目漱石の作品をいくつか挙げてください。」

A君　「『三四郎』『虞美人草』『明暗』。まだまだたくさんの作品が思い浮かんできます。」

先生　「この質問にすぐ回答できたのは，宣言的記憶の1つ『意味記憶（semantic memory）』を検索したからです。意味記憶には言葉や事実，一般的な知識が蓄えられ，その容量は膨大です。意味記憶の中に貯蔵された情報は体制化されており，その内容に基づいて整理され，関連するものがまとめられています。」

A君　「1つの作品を想い出すと次々別の作品名が思い浮かぶのも，情報が体制化されて意味記憶に保存されているからですね。」

先生　「それでは別の質問をしてみましょう。昨年の夏休みにはどこに旅行に行きましたか。」

A君　「北海道に行きました。この記憶は個人的な想い出というべきもので，先ほどの夏目漱石の作品を想い出す場合とは少し性質が違うようですね。」

先生　「このように個人的な経験や出来事は，"いつどこで"という時間的，空間的手がかりともに貯蔵され，『エピソード記憶（episodic memory）』と呼ばれています。エピソード記憶は情報の体制化の程度が低いため，情報量が多くなります。そのため，エピソード記憶は意味記憶に変化していくことがあります。」

A君　「"先週の国文学の講義で漱石の作品虞美人草の話を聞いた"というのはエピソード記憶で，その内容が私の漱石に関する意味記憶に付け加えられていくと考えればいいのですね。」

　長期記憶は，扱う情報の種類によって手続き的記憶と宣言的記憶に分類できる。"自動車をどのように操作すればよいか"というのは手続き的記憶であるが，"金沢から京都へ車で向かうにはどの方向をめざせばよいか"というのは宣言的記憶の働きである。すなわち，手続き的記憶は，"いかに物事がなされるか"という記憶で，言葉や視覚的イメージでその内容を表現することは困難な場合が多い。一方，宣言的記憶は，事実や出来事に関する記憶である。宣言的記憶はさらに，一般的な知識に関する記憶（意味記憶）と個人的な出来事に関する記憶（エピソード記憶）に分類できる（図3-8参照）。

　長期記憶の神経機構に関しては，病理学的症例の研究が数多く報告されている。新しい経験を覚えられなくなる前向性健忘症患者では，皮質下の海馬，扁桃体，乳頭体などに損傷が見られることから，宣言的記憶のエピソード記憶はこれらの部位が処理しているのではないかと考えられている。これらの患者では多くの場合，ワーキング・メモリの記憶容量は正常である。一方，大脳の萎縮などが原因で起こる認知症は，意味記憶の障害とみなすことができ，意味記憶には側頭葉を中心に大脳皮質の多くの部位が関わっていると

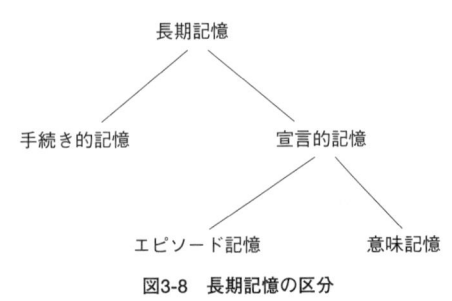

図3-8　長期記憶の区分

考えられている．さらに，手続き的記憶は，前向性健忘症患者では正常ではあることが多いため，宣言的記憶とは別の脳組織の働きと考えられ，小脳や大脳基底核が関わっているのではないかと推測されている．

3.7 系列位置効果（serial position effect）

A君 「映画の中で出演者とスタッフの名前が映し出されるとき，最初に主役の俳優名が出てきて，最後に監督の名前が出るというパターンがほとんどですね．これは人間の情報処理と何か関係があるのでしょうか．」

先生 「主役も監督もその作品にとってもっとも重要な人物ですから，当然観客の記憶に残りやすくする必要があります．人間の記憶には，次々と項目が提示されたとき，最初と最後に提示された項目は想い出されやすいという共通の特性があります．」

A君 「まず，なぜ最初の方に提示される項目が想い出されやすいのでしょう．」

先生 「この現象を『初頭効果（primacy effect）』と呼んでいます．はじめに提示された項目は，それより後の項目が提示されている最中に余分のリハーサルを受けることができ，その結果，符号化が進むという解釈がなされています．実際，刺激提示中に被験者に声を出させると，はじめに提示した項目をリハーサルする回数が多いことが示されています．」

A君 「リハーサルによって記憶が促進されるということは，初頭効果は情報が長期記憶に転送されたために生じた現象ですね．それでは，最後の方で提示される項目の再生が促進される理由は何ですか．」

先生 「刺激リストの終わりに提示される項目は再生される時点に近いので，『新近性効果（recency effect）』と呼ばれ，従来の研究ではワーキング・メモリの働きと考えられてきました．つまりリストの最後の項目はまだワーキング・メモリに残っていて，ワーキング・メモリから直接取り出せますが，それよりも以前のリストの中間部分で提示された項目はすでにワーキング・メモリから消失しているため取り出せないという解釈です．」

A君 「ワーキング・メモリに新しく入った情報はリハーサルされなければ約20秒で消えてしまうということですから，もし再生を始めるまでの時間を

20秒以上とれば，新近性効果はなくなりますね。」

先生　「実際この予想を裏付ける実験結果が報告されています（図3-9参照）。しかし，再生までの時間を長くしてもなお新近性効果が現れるという実験結果も報告されています（Bjork & Whitten, 1974）。」

A君　「つまり新近性効果は長期記憶でも生じると考えればよいのですね。」

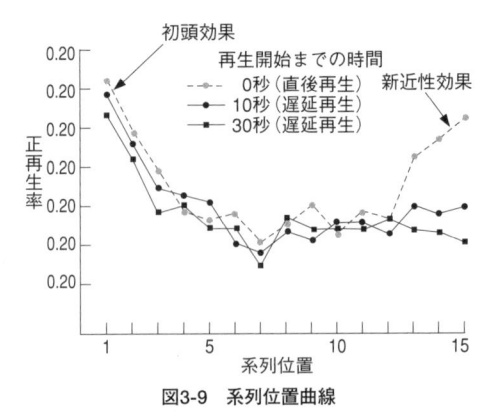

図3-9　系列位置曲線

遅延再生では，自由再生が開始されるまでリハーサルを防ぐために計算課題が挿入される。遅延時間が長くなるほど新近性効果は減少しているが，初頭効果はほとんど変化していない。

先生　「このような『長期新近性効果（long-term recency effect）』は，リスト提示終了時から再生開始までの時間に比べ，項目間の提示間隔が相対的に長いときに生じやすいことから，最後に提示された項目は他の項目よりも弁別しやすいことが長期新近性効果の原因とする『時間的弁別性理論（temporal distinctiveness theory）』が提唱されています（Glenberg & Swanson, 1986）。」

A君　「一直線の道路沿いに立っている電柱を振り返って眺めたとき，より近くにある電柱は遠くの電柱よりも互いに区別がつきやすいという，知覚の遠近法の論理で考えるとわかりやすいですね。」

先生　「この考えでは，新近性効果はワーキング・メモリによって生じるだけでなく，検索のされやすさの違いを反映していることになります。」

　複数の項目（ふつう10個以上）を1つずつ一定の速度で被験者に提示し，そのあと提示順序に関係なく，想い出すことができた項目から再生させる方法を「系列学習（serial learning）」と言う。系列学習の再生率を提示位置ごとにプロットしたものが系列位置曲線で，一般に項目リストの最初と最後の項目の再生率が高いという系列位置効果（初頭効果と新近性効果）が観察される。初頭効果は提示速度を速くしてリハーサルを抑制すると減少し，新近性効果は，

再生を開始するまでの時間を長くとると消失する（図3-9参照）。アトキンソンとシフリンは，これらの効果が長期記憶とワーキング・メモリ（短期記憶）という2つの記憶システムの存在を示す証拠と考え，以後，系列位置効果は記憶研究の重要な研究テーマとなってきた。初頭効果が長期記憶の働きであるという解釈に関しては研究間にほぼ一致をみているが，新近性効果に関しては，再生までの時間を長くとっても消失しないという結果も報告されており，新近性効果はワーキング・メモリによるものと単純に解釈できないとみなされるようになっている。

3.8　潜在記憶（implicit memory）と顕在記憶（explicit memory）

　A君　「きょうスーパーマーケットで，はじめは買うつもりがなかったのに，何気なくこのチョコレートを買ってしまいました。後で家族の話から，私も以前よく見ていたテレビ番組の中で主人公がいつも食べている菓子であることを知りました。」

　先生　「自分では覚えているという意識がない情報が，行動レベルに影響を与えたというのですね。」

　A君　「これは20世紀半ばに提唱された，見ているという意識がないのに実際には見ているというサブリミナル効果（閾下知覚）と考えたらよいのでしょうか。」

　先生　「記憶の分野では潜在記憶という観点から解釈できます。再生や再認によって検索できる『顕在記憶』に対し，『潜在記憶』は非意図的無意識的に学習された記憶で，意識的な検索では取り出せません。しかしテストの方法を工夫し，間接的な手段によって，このような記憶が存在するという研究結果が報告されています。」

　A君　「潜在記憶はどのような方法で測定できますか。」

　先生　「まず被験者にいくつかの単語を提示します。1週間後，1つの被験者群には別の単語を混ぜた中から，前に提示した単語を選び出す課題を与えます。」

　A君　「これは従来の再認テストで，顕在記憶を測定しているのですね。」

　先生　「そうです。この場合被験者は前に見たかどうかほとんど忘れていて，

再認成績は低くなります。別の被験者群には，単語を提示して，その単語を声に出して読むという同定課題を与えました。その結果，被験者は前に見たという記憶はないにもかかわらず，1週間前に提示された単語は新しく付け加えられた単語よりも速く同定することができました。これは潜在記憶の働きと解釈されています。」

A君　「潜在記憶の測定法としてはほかにどのような方法がありますか。」

先生　「単語の穴埋め課題があります。たとえば，"○と○し○"という問題に対して，以前に行われた別の実験で付加的に"ひとみしり"という単語を見せられていた被験者は，そうではない被験者よりも正答率が高いという結果が得られています。」

A君　「なんとなく見たことがある，聞いたことがあるという感じは潜在記憶があるからかもしれませんね。」

先生　「そのような心の働きについて，人物の著名度の評定実験が報告されています。まず被験者に発音テストと称して，本人が知らない一般人の名前を書いたリストを読ませます。次の日，人名を書いた別のリストを提示し，個々の人名について，その人物をどの程度知っているか評定させました。リストには本来著名な人物と，著名でない人物の名前が含まれていましたが，著名でない人物のうち，前日読み上げた人物については，被験者は著名人と同じようによく知っている人物という評定をしました (Jacoby *et al.*, 1989)。」

A君　「潜在記憶の働きを考えると，普段私たちは多くの情報にさらされており，自分自身が意識しないままに，周囲の情報に操られている可能性もあり注意が必要ですね。」

　顕在記憶は，たとえばテストのために教材を覚える場合のように，意識的処理によって故意に学習される一般的な記憶である。一方，潜在記憶は，偶然に無意識的に行われる記憶である。顕在記憶と潜在記憶の区別でもっとも重要な違いは，学習している時点で材料に注意が焦点化されているかどうかという点である。その結果，顕在記憶では，自分がそのことを知っているということを意識しているのに対し，潜在記憶は，私たちがその存在に気づくことなく，私たちの行動に影響を与えることができる。しかしながら，顕在記憶と同様に，

潜在記憶にもゆがみがあり，必ずしも正確であるとは限らないことが指摘されている。年齢による変化に関しては，顕在記憶は高齢者では低下するが，潜在記憶は高齢になってもあまり変化しない。このことから，潜在記憶は顕在記憶とは別の脳の組織が関与するのではないかと考えられ，手続き的記憶と同じく小脳や大脳基底核が潜在記憶に関わるとする説が提唱されている。

第4節 忘　却

　　先生　「平均的な人間の脳には100兆ビットの情報が貯蔵されていると言われています。しかし，ときどき，私たちは，どこに部屋の鍵を置いたのか想い出せなかったり，電話を家にかけるのを忘れたりします。このような忘却はなぜ生じると思いますか。」
　　A君　「脳に貯蔵された記憶の痕跡がだんだん弱まってくるからではないでしょうか。」
　　先生　「これは初期の忘却理論として知られる『減衰（decay）』説の考えです。記憶内容の減衰が生じるという考えは，感覚記憶において視覚や聴覚的な感覚情報が急速に消え去ることや，リハーサルしないとワーキング・メモリの内容が失われるという事実にはたしかに当てはまります。しかし，長期記憶に関する忘却に関しては減衰説では説明できない現象が多く存在します。」
　　A君　「そういえば，自転車に乗る場合のように，たとえ何年間も練習しなくとも，手続き的記憶は保たれています。宣言的記憶に関しても同様で，子どものころに聞いた童謡やコマーシャルの音楽などは，何年間も歌う機会がなくても，いつでも正確に想い出すことができます。古いこども時代の想い出が突然よみがえることもあります。」
　　先生　「病理学的なデータからも，昏睡状態の患者の脳の中のほとんどのニューロンは活動を停止していますが，昏睡から目覚めたときには，患者の長期記憶はほとんど失われていないという報告があります。減衰説に代わる忘却理論の1つが『干渉（interference）』説です。試験勉強をした後A君はどのように過ごしていますか。」
　　A君　「覚えたことを忘れないように，試験前日はいつも徹夜して試験にの

ぞんでいます。」

　先生　「それは逆効果です。試験勉強の後はむしろ睡眠をとった方がよいことは記憶の古典的研究（Jenkins & Dallenbach, 1924）ですでに証明されています。徹夜すると試験勉強以外の経験をすることになり、それ以前に覚えたことに干渉を及ぼします。つまり新しい記憶が古い記憶を抑制する現象で、『逆向抑制（retroactive interference）』と呼ばれます。反対に以前の記憶が新しい記憶を妨害する場合が『順向抑制（proactive interference）』です。以前の習慣からぬけきれないという状況は順向抑制の効果が続いているからです。」

　A君　「大学でフランス語の学習を始めましたが、英語と綴り字が似ているため、ついフランス語の単語を英語のつづりで書いてしまうことがあります。これも順向抑制の例ですね。」

　先生　「覚えるべき事柄が互いに類似しているときこのような干渉が生じやすいと言えます。たとえば、後で読もうと思って引き出しに入れた雑誌が、ほかの同じような雑誌が引き出しに入ってくることにより、どれが読みたい雑誌かわからなくなる状況に似ています。」

　A君　「干渉以外に人が物事を想い出せない原因としては、情報が記憶の中でほかの情報から孤立していて、その情報に到達する手がかりがない場合も考えられますね。」

　先生　「これは『検索失敗（retrieval failure）』説という考えで、再生はできないけれども再認はできるという現象はこの説を支持しています。」

　A君　「つまり、再生できないのは、記憶から情報がなくなったのではなく、符号化を十分しなかったことが原因で手がかりが不足していることや、検索の方法が不適切であることのため、その情報に接近できないという考え方ですね。」

　先生　「忘却を防ぐには基本的には符号化を促進し、検索の手がかりを増やすことが効果的です。また符号化特性原理のところでも説明しましたが、学習したときの状況（文脈）が変化すると手がかりが減り、検索に失敗します。」

　A君　「たとえば、講義を受けている教員に大学以外のところで会うと、その教員の名前さえ出てこないというような場合ですね。」

　先生　「3，4歳以前の子ども時代の記憶は想い出せないという『幼児健忘

(child amnesia)』という現象を検索失敗説から説明できますか。」

A君　「子どもを取り巻く世界は大人とは大きく異なるからでしょう。子どもにとってテーブルは手の届かない存在であり，椅子に座るにも大変な努力がいります。子ども時代の経験はこのような文脈の中で符号化されていきますね。」

先生　「したがって大人になってから子どもの頃の出来事を想い出そうとしても，文脈が異なるため検索手がかりがなく，想い出せないと考えられます。」

「人はなぜものを忘れるのか」，このような観点から記憶の仕組みを考察しているのが忘却理論である。代表的な忘却理論としては，減衰説，干渉説，検索失敗説が挙げられる。減衰説はエビングハウスの忘却曲線の影響を受けた考えで，時間とともに脳の中の「記憶痕跡（エングラム）」が衰えることが忘却の原因としている。エングラムとは脳の中に形成されると考えられる仮説的な記憶構造で，最近の神経科学の分野では，学習の進行とともにニューロンの細胞体に蓄積されるCREB（クレブ）という化学構造が，記憶物質の1つではないかという研究報告がなされている。

干渉説は，1つの課題の学習が別の課題の学習に及ぼす妨害（干渉）を忘却の原因と考える立場である。干渉には順向抑制と逆向抑制がある。干渉は，課題間の類似性が高いときや，無意味綴りのように意味性の乏しい材料の場合に生じやすい。検索失敗説は，情報の符号化が十分行われなかったために，その情報を取り出すための手がかりが得られず，再生ができないという考えである。

第5節　記憶の変容

先生　「10年前大地震が起きたとき何をしていましたか。」

A君　「台所で朝刊のスポーツ欄の記事を読んでいました。そのときの記憶は恐怖感とともに写真のようにはっきりと詳細によみがえってきます。」

先生　「このように強い印象をともない，鮮明に残る記憶は『フラッシュバ

ルブ・メモリ（flashbulb memory）』と呼ばれています。これはエピソード記憶の一種ですが，悲しみや恐怖など激しい情動をともなう個人的な経験や，大災害などの社会的事件によって生じる記憶です。」

A君 「フラッシュバルブ・メモリを貯蔵する特別の記憶システムは存在しますか。」

先生 「『ペイペッツの情動回路（Papez's circuit）』と呼ばれるシステムが大脳皮質下にあり，この回路の中を情動をともなう記憶が循環し，脳の中に鮮明な記憶を定着させるという仮説が提唱されています。フラッシュバルブ・メモリは当事者にとっては写真かビデオテープのように鮮明に感じられますが，実際にはフラッシュバルブ・メモリの内容は必ずしも正確ではなく，後の経験による思い込みから生じた多くの誤りが見られるという報告があります（Neisser, 1982）。このように，記憶はそれがたとえ印象的なものであっても，記録違いや変容が生じていることが多いと考えられます。」

A君 「最近，虐待を受けるなど幼児期の辛い体験が，大人になってから記憶としてよみがえったという患者の話がしばしば話題になっていますね。『抑圧された記憶（repressed memory）の回復』という事例です。このような記憶は強い情動をともなうはずですから，いったん忘れ去られていたというのは，フラッシュバルブ・メモリの事例と矛盾すると思うのですが。」

先生 「これらの患者の多くはフロイトの唱えた精神分析の心理療法を受けており，しばしば催眠による暗示により，過去の経験を想い出すという経過をたどっています。」

A君 「私たちは夢で見たことや想像したことと実際に経験したことを区別できる『リアリティ・モニタリング（reality monitoring）』という働きをもっていますが，催眠状態ではこのような機能は弱められて，存在しない出来事を信じてしまう可能性がありますね。」

先生 「フロイトは自我を脅かす経験は無意識に押し込められるという，『抑圧（repress）』の概念で忘却を説明しました。しかし，このような考えに対してロフタスとケッチャム（Loftus & Ketcham, 1994）は，心理療法の最中に患者が想い出した出来事は，実は治療者が患者に植え付けた『偽りの記憶（false memory）』であると批判しています。ロフタスらは，大学生に対して，

偽りのエピソード（幼児期にショッピングモールで迷子になった話，結婚式でジュースの容器をひっくり返した話など）を被験者の幼児期の体験として聞かせたところ，被験者は後にそのエピソードが自分の体験であるように信じるようになったという実験結果を報告しています。」

　A君　「誤った情報は記憶の再生報告を不正確にするだけでなく，もとの記憶そのものをゆがめることもあり，当人はその変化した記憶を確信をもって信じるようになっていくのですね。」

　先生　「精神的な不安の原因は幼児期の虐待にあるというような，因果関係を示す情報は特に信じられやすく，誤った情報であっても本人の記憶に定着していくという特徴をもっています。認知心理学的には，記憶は，錯覚などの知覚現象と同じように，周囲の環境や本人の動機づけなどさまざまな要因の影響受けやすく，歪曲しやすいものとしてとらえておく必要がありますね。」

　A君　「抑圧による記憶の回復については，事実として受け入れるには慎重である必要がありそうです。」

　記憶の変容に関して，バートレット（Bartlett, 1932）は，あいまいな線画を覚えるときに，言語的ラベルを同時に付加すると，後に再生される絵の内容が言語ラベルに近づくという結果を見出している。

　記憶が暗示や示唆の影響を受けやすいことはロフタスとパーマー（Loftus & Palme, 1974）の実験でも示されている。この実験では被験者に自動車の交通事故のスライドを提示した後，被験者に速度に関する質問を行った。実験変数は質問に使われる動詞の種類で，どれくらいの速度で"ぶつかったか（hit）" "激突したか（smashed）"という内容の質問を被験者に与えて自動車の速度を見積もらせた。その結果，「激突したか」とたずねられた被験者は，「ぶつかったか」とたずねられた被験者よりも時速を7マイル多く見積もった。

　また1週間後に，「ガラスが割れているのを見ましたか」という質問を行ったところ，実際にはガラスは割れていなかったにもかかわらず，「激突したか」とたずねられた被験者の32％が見たと答えた。「ぶつかったか」とたずねられた被験者で見たと答えたのは14％だけであった。事故の目撃や個人的な体験は特異で，他の客観的事象と孤立して貯蔵されているため，想い出されるたび

に，周囲から与えられる情報に対して敏感に反応し，変容していく性質をもっている。このようにある出来事を経験した後に与えられた情報によって，その出来事に関する記憶が変容する現象は『事後情報効果（post-event information effect）』と呼ばれている。

第6節　記憶術（mnemonics）

　　Ａ君　「円周率を何万桁も暗唱できる記憶の達人が日本にいることを知りました。この名人は生まれつき記憶能力が特殊だったのでしょうか。」
　　先生　「日本ではあまり見かけませんが，欧米では記憶術をエンターテイメントとして職業にしている人たちがいます。この人たちは，サーカスで空中ブランコを訓練するのと同じように，自分の記憶を訓練しているのです。」
　　Ａ君　「身近な記憶術としては語呂合わせ法がありますね。たとえば『ニシムクサムライ』という覚え方ですね。」
　　先生　「英語圏では"ROY G. BIV"という人名を作って，光のスペクトルの色名（red, orange, yellow, green, blue, indigo, violet）を記憶しています。」
　　Ａ君　「これは一種のチャンキングの働きですね。」
　　先生　「円周率の記憶の達人は，まず数字を10桁程度のチャンクに区切っていき，それを語呂合わせで言語化します。そして言語化したチャンクを使って物語りを作り覚えていく方法をとっています。」
　　Ａ君　「つまり意味的符号化をし，さらに文脈を作っているのですね。語呂合わせ以外にもっと手軽にできる記憶術を教えてください。」
　　先生　「『場所法（method of loci）』と呼ばれる方法はどうでしょう。まず，よく知っている場所を思い浮かべます。」
　　Ａ君　「大学のキャンパスを思い浮かべました。」
　　先生　「次に，Ａ君がいつもの心理学の講義室に入るまでに途中通る主要な目印（ランドマーク）を順にいくつか思い浮かべてください。」
　　Ａ君　「まずバスの停留所を降りて，正門をくぐり，玄関ホールをぬけて，階段を上り，横に学生食堂を見て，売店を通り，次に事務室を通り，そして講義室にたどり着きます。」

先生　「それでは次に，覚えたい項目を1つずつ順にランドマークに置いていってください。」

A君　「大学からの帰りにスーパーマーケットで買う予定の品物をこの方法で覚えてみます。まず，バス停留所にリンゴがある，正門にはカップ麺，玄関ホールには歯ブラシと……覚えるために余分な手間をかけているように思いますが。」

先生　「慣れるのに少し時間がかかりますが，この方法は非常に効果的です。すなわち，場所法は検索手がかりを増やす働きがあり，ランドマークを想い出すと，それにともなって買い物をする予定の品物も想い出されます。」

A君　「たしかに心の中で道のりをたどると，そこに覚えたい事柄が見えてきます。場所法をより効果的にするにはどうすればよいでしょうか。」

先生　「場所法はイメージを利用しています。イメージは同時に複数の情報を処理できるという長所があります。」

A君　「この長所を生かすには，ランドマークと覚えるべき項目とを関連づけることが大事ですね。」

先生　「イメージを強烈にするために，色や動き，奇抜な状況を取り入れる方が効果的と主張する心理学者もいます。たとえば，巨大な金色のリンゴがバス停留所にぶら下がってゆらゆら動いているというようなイメージです。しかし，項目同士を関連づけるだけで十分で，その他の操作はあまり記憶効果を強めないというデータもあります。」

A君　「あまり強いイメージを作ってしまうと，別の記憶で，同じ場所を使えなくなってしまいますね。」

先生　「場所法を効率よく使うためには，複数の場所のセットを作っておくとよいでしょう。」

A君　「たとえば，勉強部屋や風呂場など自分の家の中の場所や，目や鼻など自分の身体の各部を使うこともできそうです。しかし，"平和"などの抽象的概念や，"家具"のような非常に一般的な言葉は，具体的にイメージ化しにくく，場所法を利用しにくいですね。」

先生　「その場合には，平和から連想できる言葉，たとえば"ハト"をイメージ化に使ったり，家具については椅子のように概念の構成メンバーをイメー

ジ化に用いればよいでしょう。」

A君　「記憶術の達人以外にも，発達的精神遅滞で一般的知能は低下しているにもかかわらず，何年も先のカレンダーを覚えている人がいますが，どのような脳の仕組みが備わっているのでしょう。」

先生　「サヴァン症候群と呼ばれる，非常にまれな症例で，芸術や記憶などある特定の分野に並はずれた才能を示す人たちです。その才能の仕組みはよくわかっていませんが，カレンダーの記憶の例については，カレンダーそのものを記憶しているのではなく，なんらかの計算を行って正確な日と曜日を取り出すことができるのではないか，と考えられています。」

　記憶術で用いられている技法は，基本的には心理学で明らかにされた記憶の原理を採用しており，その中心はチャンキングと精緻化リハーサルである。精緻化に当たっては，物語を想像して文脈を作り出す方法がよく用いられる。記

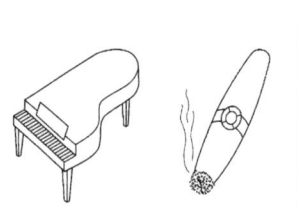

関連づけられない普通のイメージ（39％）　　関連づけられない奇抜なイメージ（34％）

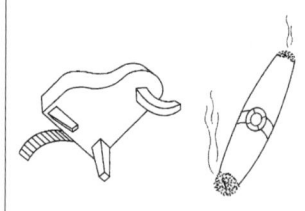

関連づけられた普通のイメージ（73％）　　関連づけられた奇抜なイメージ（74％）

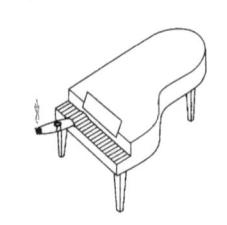

図3-10　イメージの関連づけと風変わりさに関する実験刺激例
（かっこ内は正答率を示す。Wollen *et al.*, 1972）
再生に効果を及ぼすのはイメージの関連づけの程度であり，イメージの奇抜さは再生率に影響を及ぼしていない。

憶術ではイメージもしばしば利用される。イメージ化により，同時に複数の項目を想起することができる。場所法は，古くから存在する記憶術で，人間の地理的空間記憶とイメージを利用した記憶法である。イメージ化に当たっては項目同士を関連づけることが重要で，イメージの奇抜さや色をつけること自体が効果を高めるかどうかについては研究結果は一致していない（図3-10参照）。場所法に類似した方法としてペグワード（peg word）法がある。これはあらかじめいくつかの具体名詞（ペグワード）を記憶しておき，覚えるべき項目をペグ（釘）に引っかけていく方法，すなわちイメージで連合させる方法で，場所法と類似した記憶法である。

第3章のキーワード

再学習，節約法，忘却曲線，認知情報処理，符号化，精緻化，貯蔵，検索，内部記憶貯蔵庫，外部記憶貯蔵庫，前向性健忘症，再認と再生，喉まで出かかる現象，符号化特定性原理，文脈依存記憶，状態依存記憶，メタ記憶，感覚記憶，ワーキング・メモリ，長期記憶，エコーイック・メモリ，アイコニック・メモリ，中央実行部，音声ループ，視空間スケッチパッド，記憶容量，不思議な数7プラスマイナス2，チャンキング，維持リハーサル，精緻化リハーサル，手続き的記憶，宣言的記憶，意味記憶，エピソード記憶，系列位置効果，初頭効果，新近性効果，潜在記憶と顕在記憶，忘却減衰説，干渉説，検索失敗説，フラッシュバルブ・メモリ，抑圧，リアリティ・モニタリング，事後情報効果，記憶術，場所法

◇さらに深く勉強するためのキーワード

逆向性健忘症（retrograde amnesia）：いわゆる記憶喪失をさし，前向性健忘症が脳損傷以後の記憶が獲得できないのに対し，逆向性健忘では脳損傷を受ける以前の記憶が失われる。記憶の障害が患者の過去全体に及ぶことはまれで，多くの場合脳損傷の直前の期間に限られることが多いため，記憶が脳に固定されるには一定の時間が必要ではないかと考えられている。

展望的記憶（prospective memory）：きょうの午後会議に出席する，など未来に実行すべき計画を覚えておく記憶のこと。いわゆる「し忘れ」は展望記憶が機能しなかった状態で，加齢による記憶低下の症状として取り上げられることも多い。

自伝的記憶（autobiographical memory）：自分自身の生い立ちの記憶で，エピソード記憶によって構成される。フラッシュバルブ・メモリは自伝的記憶をふりかえる際の目印となる。

認知地図（cognitive map）：メンタルマップ（mental map）とも呼ばれ，地理的環境に関する記憶である。認知地図は，「右に曲がってまっすぐ進む」など自己の身体を中心として環境をとらえるルートマップと，方位を基準とした地図的地図の特徴をもつサーヴェイマップに分類される。

【参考文献】

Atkinson, R.C., & Shiffrin, R.M. 1968 Human memory: A proposed system and the control processes. In K.W. Spence & J.T. Spence (Eds.), *The psychology of learning and motivation, Vol.2.* New York: Academic Press.

Baddely, A.D. 1986 *Working memory.* Oxford, U.K.: Oxford University Press.

Bartlett, F.C. 1932 *Remembering: An experimental and social study.* Cambridge: Cambridhe University Press.

Bjork, R.A., & Whitten, W.B. 1974 Recency-sensitive retrieval processes in long-term free recall. *Cognitive Psychology,* **6**, 173-189.

Brown, R., & McNeill, D. 1966 The "tip of the tongue" phenomenon. *Journal of Verbal Learning and Verbal Behavior,* **5**, 325-337.

Craik, F.I.M., & Lockhart, R.S. 1972 Levels of processing: A framework for memory research. *Journal of Verbal Learning and Verbal Behavior,* **11**, 671-684.

Ericsson, K.A., Chase, W.G., & Faloon, S. 1980 Acquisition of a memory skill. *Science,* **208**, 1181-1182.

Glenberg, A.M., & Swanson, N.C. 1986 A temporal distinctiveness theory of recency and modality effects. *Journal of Experimental Psychology: Learning, Memory, and Cognition,* **12**, 3-15.

Godden, D., & Baddeley, A. 1975 Context dependent memory in two natural environments. In land and under water. *British Journal of Psychology,* **79**, 99-104.

Jacoby, L.L., Kelley, C.M., Brown, J., & Jasechko, J. 1989 Becoming famous overnight: Limits on the ability to avoid unconscious influences of the past. *Journal of Personality and Social Psychology,* **56**, 326-338.

Jenkins, J.G., & Dallenbach, K.M. 1924 Obliviscence during sleep and waking period.

American Journal of Psychology, **35**, 605-612.

Kenealy, P.M. 1997 Mood-state-dependent retrieval: The effects of induced mood on memory reconsidered. *Quarterly Journal of Experimental Psychology A,* **50**, 290-317.

Loftus, E.F., & Ketcham, K. 1994 *The myth of repressed memory: False memories and allegations of sexual abuse.* New York: St. Martin's Griffin.

Loftus, E.F., & Palmer, J.C. 1973 Reconstruction of automobile destruction: An example of the interaction between language and memory. *Journal of Verbal Learning and Verbal Behavior,* **13**, 585-589.

Miller, G.A. 1956 The Magical Number Seven, Plus or Minus Two: Some Limits on our Capacity for Processing Information. *Psychological Review,* **63**, 81-97.

Neisser, U. 1982 *Memory observed.* San Francisco: W. H. Freeman.

Simon, H.A. 1974 How big is a chunk? *Science,* **183**, 482-488.

Sperling, G. 1960 The information available in brief visual presentations. *Psychological Monographs,* **74**, 1-29.

Tulving, E., & Thomson, D.M. 1973 Encoding specificity and retrieval processes in episodic memory. *Psychological Review,* **8**, 352-373.

Wollen, K.A., Weber, A., & Lowry, D.H. 1972 Bizarreness versus interaction of mental images as determinants of learning. *Cognitive Psychology,* **3**, 518-523.

第4章

注　意

第1節　注意と覚醒

　先生　「『注意（attention）』の観点からA君の行動を分析してみましょう。きのうの休日をどのように過ごしましたか。」
　A君　「朝目覚めて，ラジオの英語会話を聞こうとしましたが，眠たくて，ほとんど英語会話の内容が耳に入ってきませんでした。」
　先生　「まだ脳が目覚めていなくて，外から入ってくる刺激に対して注意が生じる状態ではなかったのです。」
　A君　「午前中は3時間予備校で試験監督の監視のアルバイトをしました。単調であるのに緊張していなければならない辛い仕事でした。」
　先生　「これは『ビジランス（vigilance）』と呼ばれる課題で，特定の対象に注意を偏らせることなく，しかも注意を長時間持続させることが必要な仕事です。」
　A君　「午後からはフランス語の予習を始めましたが，隣の部屋から聞こえてくるテレビドラマの会話ばかりが耳に入ってきました。しかししばらくすると，意識してフランス語の教科書に注意を向けるように努力しました。」
　先生　「注意には選択性があり，A君の注意の大部分が一方に偏ってしまったのです。しかも，注意の偏りは，隣の会話に知らず知らず聞き入ってしまう場合のように不随意的に行われるときと，意識して勉強しようとする場合のように随意的にコントロールできるときがあります。」
　A君　「夜はCDの音楽を楽しみながら，数学の復習をしました。」

先生 「これは，注意が複数の課題に分割することができることを示しています。」

A君 「注意の働きには，さまざまな性質が含まれているようですね。」

先生 「注意を池にたまった水の上に生じる波にたとえるとわかりやすいでしょう。脳が覚醒して，池に水が供給されます。池の水が少ない，つまり脳の覚醒が十分ではないと，知覚や記憶，思考など情報処理がうまく行われません。」

A君 「監視作業などで必要なビジランスは，池の水の量を多くして，覚醒水準を高く保ち，しかも，水面を平らにして，一点集中を避けることが必要な作業ですね。」

先生 「注意は，水面にできた波にたとえられます。大きな波が1つしかない状態が『選択的注意（selective attention）』で，1つの事象に注意を集中させるほど波は高くなります。一方，水面に複数の波ができている状態が『分割的注意（divided attention）』です。波の周囲には窪みができて，近くに別の波は生じにくくなります。注意の波は互いに離れているところに出現しやすい，つまり，同時に行う課題の性質が互いに異なるほど，注意は分割しやすいのです。」

A君 「課題の困難度も分割的注意に影響を与えますね。」

先生 「1つの課題が非常に困難で，注意の大部分がそれに割り当てられると，波は巨大になります。その結果，別の波は起こりにくくなり，他の作業を同時に遂行することは困難になります。」

注意の概念は一般には，「注意を必要とする仕事」と

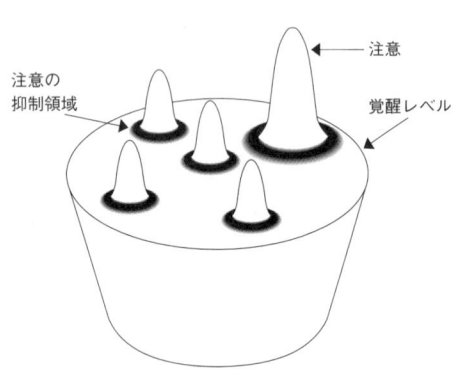

図4-1 覚醒と注意の関係（Martindale, 1991より）
覚醒レベルが一定の水準を超えることが注意の生起にとって必要である。注意は1つのこと（選択的注意）も，複数存在すること（分割的注意）もある。注意の周囲には，他の注意の生起が抑制される領域が存在する。

いうように，脳の高い覚醒を持続し続ける状態（ビジランス）をさす場合が多い。しかし心理学では，注意は主に，環境に存在する情報を取捨選択して特定の情報を処理する過程（選択的注意）をさす言葉として使われてきた。さらに分割的注意の研究では，注意を心的エネルギーである処理リソース（processing resource）としてとらえ，2つ以上の課題を同時に遂行する事態において，処理資源が各課題処理にどのように分配されるか，種類の異なる複数の処理資源が脳に存在するのか，という観点から研究が進められている。

第2節 聴覚的注意

　　A君　「今ヘッドフォンでテレビの2ヶ国語放送を聞いています。左チャンネルの日本語の内容と右チャンネルの外国語の内容を同時に聞き取ることは難しい作業です。」

　　先生　「右耳と左耳に異なるメッセージを同時に提示する手続きを『両耳分離聴（dichotic listening）』と言い，注意の研究でしばしば用いられる方法です。左耳に聞こえる日本語をすぐに声に出して繰り返してください。」

　　A君　「左耳の日本語の放送の内容はよく聞き取れるようになりました。しかし右耳のメッセージは，男性の声であることくらいはわかりますが，英語が話されているかどうかもわからなくなりました。」

　　先生　「このように両耳分離聴で一方の耳の情報を繰り返させる方法は『追唱』もしくは『シャドーイング（shadowing）』と呼ばれます。追唱は，被験者の注意を一方の側に偏らせるために用いる選択的注意の実験の代表的手続きです。このとき，追唱を受けない，すなわち注意を向けられないチャンネルの情報は，英語か日本語かといった意味内容までは分析されず，男性の声か女性の声かというような物理的な特徴の処理に留まるという実験結果が報告されています。初期の注意理論の1つ『フィルター説（filter theory）』は，人間の情報処理システムは，同時に複数のチャンネルの情報に対応することができず，注意を向けていない情報を初期の段階で遮断してしまうと考えています。」

　　A君　「これは日常生活では不便なことですね。」

　　先生　「かならずしもそうではありません。日常生活では私たちはつねに膨

大な情報にさらされています。注意を1つのチャンネルに偏らせる選択的注意の働きがあるおかげで，必要な情報だけ情報を取捨選択できるのです。」

A君　「たくさんの声が聞こえてくる混雑したレストランで友人と会話しているとき，友人の話し声だけを聞き取ることができるのは選択的注意の働きですね。」

先生　「これは『カクテルパーティ現象（cocktail party phenomenon）』という効果で，日常しばしば経験する現象です。」

A君　「しかし，フィルター説が予測するように注意を向けていないチャンネルの情報はまったく処理されないのでしょうか。友人と英文学の話に夢中になっているとき，ほかから"シェイクスピア"という言葉が聞こえてきて，その声の方を振り向いたことがあります。」

先生　「このような『ブレイクスルー（breakthrough）』と呼ばれる現象が起こることから，注意を向けられていない情報は完全に遮断されるのではなく，弱められるだけであるとする『減衰説（attenuation theory）』が提唱されています。」

1950年代にイギリスの心理学者チェリー（Cherry, 1953）は，カクテルパーティ現象の性質を実験的に検証するために，両耳分離聴と追唱法を取り入れた実験を行った（図4-2参照）。この結果をもとに，聴覚の選択的注意に関するフィルター説（Broadbent, 1958）や減衰説（Treisman, 1964）が同じくイギリスで提唱された。これらの理論は，情報の取捨選択は情報の入力直後の段階に行われるとする初期選択（early selection）の立場をとる。これに対し，後期選択（late selection）の立場では，もっとも重要な入力情報が反応に影響を与えるという前提から，意味的分析やパターン認知など入力情報の内容分析が終了した後，注意による情報の選択が行われると考える（Deutsch & Deutsch, 1963）。脳の反応である事象関連電位を指標とした神経心理学的研究からは，注意を向けた刺激は注意を向けない刺激よりも，大きな反応を生じることを報告しており，この結果は初期選択説を支持している（Luck *et al.*, 1993）。

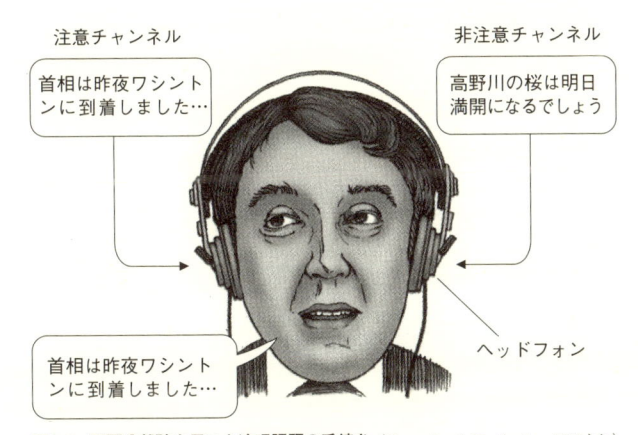

図4-2 両耳分離聴を用いた追唱課題の手続き (Gazzaniga & Heatherton, 2003より)
被験者は左右の耳に異なるメッセージを与えられ、一方の耳に提示されるメッセージのみ声に出して繰り返す。

第3節　視覚的注意

　A君　「聴覚だけではなく、視覚にも選択的注意は存在しますか？」
　先生　「道を歩いたり、自動車を運転している状況を思い浮かべれば、注意がいかに選択的に働いているかわかるでしょう。」
　A君　「絶えず周りに注意をはらい、危険がないか確認しておかないと転んだり車をぶつけたりします。」
　先生　「ある方向に目を動かすのと同じように、脳もある対象に注意を向けるのです。注意が行き届く範囲は視野のごく一部に限られています。つまり"見える"範囲に比べ、注意をともなった"視る"範囲ははるかに狭く、注意というスポットライトが私たちを取り巻く視空間を次々と照らし出して、必要とする情報を取り出していると考えることができます。この考えは、注意の『スポットライトメタファ（spotlight metaphor）』と呼ばれます（Posner, 1980）。」
　A君　「しかし、注意のスポットライトが当たる範囲は一定ではないよう気がします。たとえば、都心部の道路を歩くときは、さまざまな障害物や看板が

あって，一度に注意が及ぶ範囲は狭くなります。しかし郊外の道を歩いているときには，あまり対象物がないので，注意の範囲は広がってきます。」

先生「注意の範囲が課題の困難度や性質によりによりダイナミックに変化するという考えを取り入れたのが，『ズームレンズメタファ（zoom-lens metaphor）』です。ズームレンズは焦点距離を連続的に変化させることができ，粗い解像度でよい場合には焦点距離を短くして注意が及ぶ範囲を広げ，詳細な分析が必要な場合には焦点距離を長くして，注意の範囲を狭めます （Eriksen & St. James, 1986）。」

A君「ズームレンズメタファは，私たちが視覚的注意システムをどのように使っているかを直感的に理解するのを助けてくれる考え方ですね。」

　注意に関する研究は,聴覚よりも視覚の分野ではるかに多く報告されている。その理由は，人間が「視覚優位の動物」で，視覚情報は聴覚情報やその他の感覚情報よりも日常生活で利用される機会が多く，また優先的に処理されることが挙げられる。さらに，視覚刺激は聴覚刺激よりも実験で制御しやすことも理由の1つである。

　聴覚的注意は，複数の入力チャンネルの中からどのチャンネルの情報を選択するかという観点から研究されてきたのに対し，視覚的注意は，視野空間のどの領域を選択して情報を入手していくかという観点から理論が発展してきた。

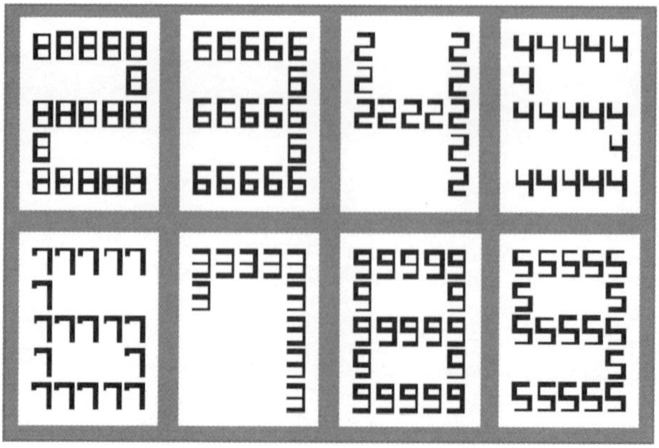

図4-3 注意のコントロール実験で用いられる刺激（Hübner *et al.*, 2001）

一定の領域を照らし出しながら注意が移動するというスポットライトメタファは，視覚の選択的注意に関する初期の理論である。ズームレンズメタファは，スポットライトメタファを改良したもので，課題の性質により注意の範囲は変化すると考える。たとえば図4-3の数字を見たとき，ズームレンズの倍率を低くすると，全体として現れる数字に気づき，倍率を高くすると，個々の小さな数字が描かれていることに気づく。

3.1 視覚的探索（visual search）

A君　「日常私たちは，"目でものを探す"と言いますが，"耳でものを探す"とはあまり言いません。視覚は環境を探索する重要な働きをもっていますね。」

先生　「朝起きてから晩寝るまで，私たちは周囲の環境から何かを探すという視覚的探索のために多くの時間を費やしています。着ていく服をタンスから，コーヒーカップを食器棚から，読みたい記事を新聞から，乗るべき列車の発車時間を時刻表から，など数え上げればきりがありません。」

A君　「しかも，目には探している情報が入力されているのに，それに気づかないことがしばしばあります。視覚的探索には注意が重要な働きをしていることがわかります。」

3.2 ポップアウト（popout）

先生　「ものを探しやすくするためにどのような工夫をしていますか？」

A君　「たくさんのファイルのうち，特に重要な1冊のファイルの背には緑のシール，それ以外のファイルには赤のシールをはっています。このようにしておくと，たとえファイルの数が増えても，緑のシールは他の赤のシールの中からすぐに目につき，大事なファイルがすぐに取り出せます。」

先生　「このように，刺激をひとつひとつ探索していかなくても，目標とする刺激（ターゲット）が浮かび上がる現象をポップアウトと呼びます。一般に，色の種類だけでターゲットが見つけられる場合のように，1つの特徴に基づいた探索が可能なとき，すなわち『特徴探索（feature search）』が行われるときにポップアウトが生じます。その原因は，個々の刺激の探索が同時に並列的

(parallel processing）に行われるため，ターゲットは，それ以外の刺激（ディストラクタ）の数に関係なく，すぐに探し出されるためであると考えられています。」

3.3 結合探索（conjunction search）

A君　「先日引っ越しの準備をするとき，重要品を詰める箱を1つ用意して，黄色の四角形のラベルをはりました。それ以外の荷物については，一階に運び入れる荷物の箱には黄色の三角形のラベルを，二階に運び入れる荷物の箱には青色の四角形のラベルをはりました。荷物の整理が終わり，重要品を詰めた箱を見つけようとしましたが，すぐには見つからず，箱にはったラベルをひとつひとつ確認していかなければなりませんでした。」

先生　「色と形を組み合わせた場合のように，複数の特徴に基づいた探索は結合探索と呼ばれ，並列的処理ではなく『系列的処理（serial processing）』が行われます。したがって，ディストラクタの増加にともなって，ターゲットの検出に要する探索時間が長くなっていったのです。」

A君　「なぜ特徴探索と結合探索では処理様式が異なるのですか？」

先生　「刺激がもつすべての視覚情報を脳が1つのシステムで処理していると考えると，視覚情報を処理するのには多大な時間がかかるはずです。実際には脳は，情報処理に要する時間を短縮するために，視覚情報を細分化し，それを専門的に処理するシステムを用意しています。視覚情報処理の最初の段階では，これらのシステムは同時に働き，さまざまな視覚情報，たとえば，色，明暗，形，奥行きや動きなどを，分割処理しているのです。」

A君　「"赤いものを探す"というように，この段階で視覚探索が終了できれば，ポップアウト現象が見られるのですね。」

先生　「視覚情報処理の次の段階では，特徴を組み合わせて個々の刺激が何かが判断されます。この過程は刺激ごとに行われるため，もし"黄色い四角形を探す"というように，複数の特徴を組み合わせた結合探索が必要になると，刺激の数に比例して処理時間が長くなっていきます。」

3.4 結合錯誤 (illusory conjunctions)

A君「見間違いも結合探索の失敗が原因で起こることがありますね。」

先生「実際には黒の三角形と白の四角形しか存在していないのに，赤の四角形を見たという錯覚は，『結合錯誤 (illusory conjunctions)』と呼ばれ，注意の不足や既存の知識の影響を受けて，個々の特徴がランダムの結合されたために生じたと考えられます。」

特徴統合理論 (feature integration theory) によれば，視覚的認識は，注意に依存しない並列的処理と焦点的な注意が必要な系列的処理によって構成されると考えられている (Treisman, 1988)。特徴の分析は並列的に進行し，特徴の結合は系列的に行われるため，図4-4に示すように，単一の特徴で視覚探索が遂行できる場合にはポップアウトが生じ瞬時にターゲットが検出される。しかし特徴の結合を必要とする事態では，ポップアウトは起こらず，刺激

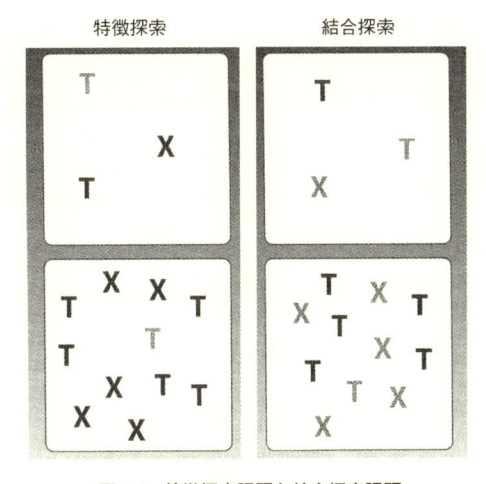

図4-4 特徴探索課題と結合探索課題

視覚探索課題では，被験者はターゲットが存在するかどうかを判断するように求められる。左に示す特徴探索の例では，ターゲットは灰色のTで，ターゲットか否かは，1つの特徴（灰色か黒色か）で決定できる。右に示す結合探索の例では，ターゲットの灰色のTは，黒色のTと灰色のXから区別されなければならず，2つの特徴に基づく判断が求められる。

項目が増加するにつれて処理時間も増加していく。図4-5は，刺激項目数を1個から30個の間で変化させたときの，特徴探索（ターゲットは緑の文字，ディストラクタは青文字）および結合探索（ターゲットが緑のT，ディストラクタが青のTおよび緑のX）の反応時間を示したもので，「ターゲット有り」の試行で，特徴探索と結合探索の反応パターンの違いが明瞭に現れている。

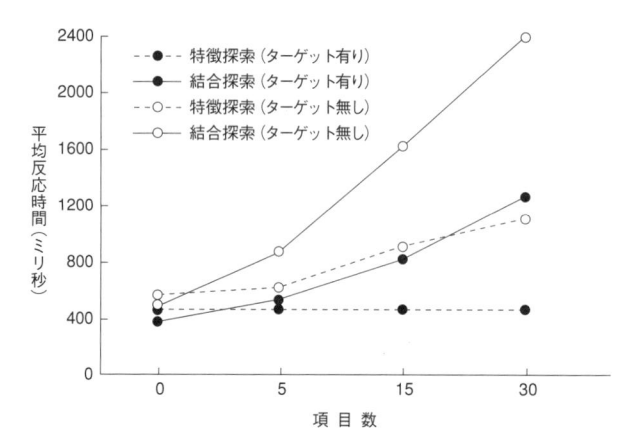

図4-5 視覚探索課題における項目数と反応時間の関係 (Treisman & Gelade, 1980)

3.5 注意の捕捉（attentional capture）と変化の見落とし（change blindness）

A君　「マジック見るのが好きで，何とか手品のしかけを見破ろうと思うのですが，いつもだまされてしまいます。」

先生　「マジシャンは，私たちがすべてを見ていると思わせながら，重要でない部分に観衆の注意を引きつけ，肝心な部分を見逃すようにします。」

A君　「そういえば，マジックでは，ステッキを振ったり，奇抜な色のスカーフを取り出したりします。」

先生　「視野の中に存在する他の事象とは異なるユニークな性質をもつ刺激，すなわちシングルトンは，それ自体重要な意味をもたなくても，私たちの注意をその刺激が存在する領域に偏らせます。この現象は『注意の捕捉』と呼ばれ，注意が外からの刺激によって不随意的にコントロールされることを示しています。刺激のもつ性質のうち，動きや色は特に注意の捕捉をもたらす効果が強く，マジックはこの注意の性質を最大限に利用しています。」

A君　「列車に乗っているとき，コンピュータを使用している隣の乗客の指の動きや，ひらひらゆれる車内広告の方につい注意が向いてしまうのも注意の捕捉の例ですね。」

先生　「人間の脳はときには必要のない情報まで処理してしまうことをこの現象は示しています。しかし，その一方で，私たちは，自分の周りに起きてい

る変化にまったく気づかないことがあります。」

A君　「そういえば昨日自転車に乗っているとき，暗くなったので明かりをつけようとしてはじめて，自転車の前のランプがなくなっていることに気づきました。それまでにランプを取り付けてあった位置を何度も見ていたはずなのに，いったいいつなくなったのかまったく記憶にありません。」

先生　「このように視野の中の大きな変化に気づかない現象を変化の見落としと呼びます。レヴィンとサイモン（Levin & Simons, 1997）の実験では，映画の中の1つの場面の中で，ある登場人物を演じる俳優が容貌も髪型もまったく違う別の俳優に入れ替わっても，被験者はそのことにまったく気がつかなかったという結果が見出されています。」

A君　「自分にとって関心がないか，重要ではないと判断している対象や場所に変化が生じても，私たちの注意はその箇所に向けられないために，変化に気づかないのですね。」

先生　「人間の脳は高速に情報を処理できますが，視野全体に対して詳細な分析を行うことはできません。そこで広範囲にわたって粗い分析を高速に行い，その後関心のある限られた範囲について注意を集中させ，意識的に詳細な分析が行われ，変化が検出されるのです。」

　注意の捕捉と変化の見落としは，視覚的注意に関する研究から提唱された概念である。注意の捕捉に関する実験では，ターゲットが提示される前に，色や傾き，動きなどをともなう別の先行刺激を提示すると，被験者は先行刺激を無視することができず，ターゲットの検出に影響が現れる（Yantis & Jonides, 1990）。注意には随意的（意識的）に制御できる側面と，不随意的（自動的）に引き出される側面があり，注意の捕捉は後者の働きを示す現象である。

　変化の見落としに関しては，光景写真をフリッカー提示する手続きを用いた研究が多く報告されている。図4-6に示すような一部が異なる2枚の写真を同じスクリーン上に，短時間交互に提示し続けると，2枚の写真の相違点の検出が困難になる。人間の注意は『前注意過程（preattentive process）』と『集中的注意（focal attention）』の2段階に分けてとらえられることがあるが（Neisser, 1967），レンシンクら（Rensink, R.A. *et al.*, 1997）は，変化の検出に

図4-6 フリッカー法による変化の見落とし実験で用いられる刺激例
2枚の風景写真は，左右見比べたときにも，どの部分に違いがあるかすぐにはわからないが，2枚の写真を交互に短時間（250msecから2秒）の提示時間で，あいだにブランク（70～100msec）をはさんで交互に提示すると変化の検出はさらに困難になる。

は後期の集中的注意が必要と考え，変化の見落としが生じるのは，短時間提示のため，前注意的処理しか行えないためとされる。しかし，変化の種類（色，形，位置，存在の有無など）により，検出率の差があることから，変化の見落としは，個人の経験や知識などで構成されるスキーマが注意に影響を及ぼした結果ととらえることができる。

第4節 分割的注意（divided attention）

先生「選択的注意が1つの課題や情報に注意を集中的に割り当てる状態であるのに対し，分割的注意は，同時に2つ以上のものごとに注意を分割する状態をさします。分割的注意は最近，日常生活と直接関わる重要な認知心理学の研究テーマになっています。」

A君「自動車運転時の携帯電話を使用の問題ですね。実際，どの程度危険なのでしょう。」

先生「携帯電話で会話に夢中になっているとき，受話器を手にしているかどうかに関係なく，赤信号を見落とす確率は，2倍になるという実験結果があります（Strayer & Johnston, 2001）。また，交通標識を気づくのも遅くなります。」

A君「車の運転を始めたときには，隣の同乗者と話をしながら運転する余裕はありませんが，運転に慣れてくると会話をしながら運転できるようになり

ます。練習をつめば携帯電話を使用しながら安全に運転ができるようになる可能性はありますか？」

先生　「2つの課題を同時に遂行するよう被験者に求める二重課題（dual-task）に関する実験研究から，練習は2つの効果をもつことが指摘されています。その1つは練習により，課題の遂行が自動化され，課題そのものの遂行に必要な注意を減らすことができること，すなわち処理リソースの供給を少なくする効果です。もう1つの効果は，2つの課題が互いに干渉し合うのを避ける方略を練習により学習できることです。」

A君　「練習をつんでもなお携帯電話を使用しながらの運転が危険であるのは，なぜですか？」

先生　「二重課題の遂行に影響を及ぼす要因には，練習以外に，課題の困難度と課題の類似性が挙げられます。」

A君　「課題の困難度の要因については，車の運転が困難度の高い作業であることは，運転時の一瞬の気のゆるみが重大な結果をもたらす可能性が高いことからも推察できます。」

先生　「一方，携帯電話での会話も，相手の表情や動作がわからないことや，会話をとぎれさせることができないことなどの制約から，目の前にいる人物との会話よりも神経を使う困難度の高い課題です。このような困難度の高い2つの課題が同時に遂行されると，処理リソースが足らなくなり，両方もしくは，一方の課題の遂行が低下します。」

A君　「よく携帯電話中には一点集中に陥ると言われますが，注意のスポットライトを移動させる余裕がなくなるのですね。」

先生　「課題の類似度の要因については，ラジオドラマを聞きながら国語の勉強はしにくいという経験からわかるように，性質のよく似た課題は互いに干渉し合い，妨害効果が生じます。類似性を客観的に測定することは困難で，車の運転と携帯電話の会話はどの程度共通性があるかまだよくわかっていませんが，課題の性質をさらに分析していくことで，類似性が及ぼす効果を予測できるようになるでしょう。」

A君　「よく考えてみると，1つの課題と思われる行動が実は二重課題の性質をもっている場合があります。たとえば英語で会話をするとき，英語の文法

構造を想い出す作業と話す内容を考える作業の2つを同時に行うことが必要です。英語が得意ではないので，英語の文法の方にばかり処理リソースを費やして，話す内容が自分でも意図しないような未熟なものになってしまった経験があります。」

　注意が情報処理過程においてどのように配分されるかという，分割的注意に関する問題は，主に二重課題法を用いた実験手続きにより検討されてきた。二重課題の遂行成績に及ぼす要因としては，練習，課題の困難度，課題の類似性を挙げることができる。このうち，課題の困難度の要因は，認知活動における処理リソースとしての注意の容量（capacity）がどの程度存在するのか，さらには，状況によりその容量は変化するのかどうかという問題と関連している。

　また，課題の類似性の要因は，処理リソースは一種類しか存在しないとする単一リソースモデル（Kahneman, 1973）と，処理リソースは複数存在すると考える多重リソースモデル（Wickens, 1984）のいずれが妥当かという問題と関連している。視覚課題と聴覚課題のように課題間の類似性の低い課題は，類似性の高い課題よりも，遂行が促進されることから，複数リソースモデルを支持する研究結果の方が多く報告されている。図4-7は，多重リソースモデルの1つで，情報処理を3つの段階（符号化，中枢における処理，反応）に分け，さらに，知覚様相（視覚，聴覚），処理コード（空間，言語），反応様式（音

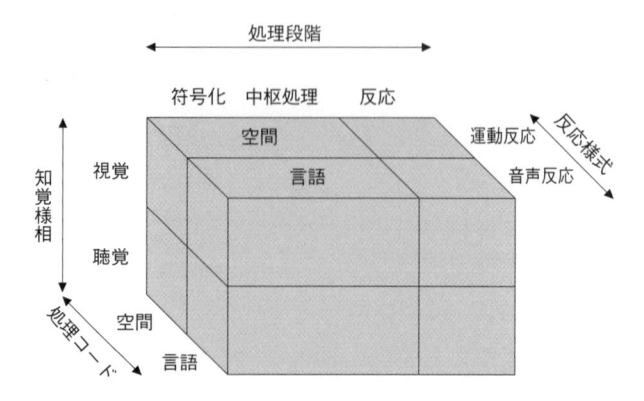

図4-7　ウィッケンスが提唱する多重リソースモデル（Wickens, 1984）

声，運動）の3次元を設定している。このモデルでは複数の処理リソースが蓄えられたプールがあり，2つの課題がそれぞれ異なるプールを使用していけば課題間の干渉は起こらないと想定されている。たとえば，本の内容を理解しながら朗読するという課題（視覚様相と言語処理コードと言語的反応）は，音楽を聞きながら指でリズムとるという課題とは干渉を起こさないことになる。

第5節 アクション・スリップ

A君 「きのう，スーパーマーケットの駐車スペースから自動車を出すとき，車の前を壊してしまいました。バックしないといけないのに，前進の操作で発進したからです。友達と会話しながら運転していたため，ついうっかり犯したミスでした。」

先生 「そのときA君は，バックしなければならないということはわかっていたのですね。」

A君 「ええ。しかし，いつも駐車スペースから車を出すのと同じ操作をしてしまいました。」

先生 「これは，自分が意図しない行動を行ったため生じたエラーで，認知心理学の分野では，ミスではなく『アクション・スリップ (action slip)』と呼ばれるものです。もしはじめから前進しようとして車をぶつけたのなら，行為の意図そのものが間違っていたので，これは『ミステイク (mistake)』と呼ばれます。」

A君 「つまり不注意が引き起こす失敗がアクション・スリップですね。一般にどのようなときにアクション・スリップは生じますか？」

先生 「状況が普段とは異なるのに，いつもと同じ習慣化した行動をとってしまう自動制御モードを採用するとアクション・スリップが起こることが多いと言えます。」

A君 「駐車スペースからは，前進で発進することが多いですからね。」

先生 「このような自動モードで行動すると，注意の消費が少なく，他の処理に注意を配分することができます。しかし，行動が画一的になり，状況の変化に対応できなくなる危険性が出てきます。」

A君　「運転操作を友達と話をしながら行ったのはまさにその例ですね。」
先生　「運転を習いはじめたときには，運転動作そのものがぎこちなくて，アクション・スリップは起こりません。その分，他人と会話しながら運転することもできなかったでしょう。むしろ，運転に慣れて，自動的運転動作ができるようになったときにエラーが起こる可能性が高くなります。」
A君　「よく，運転に慣れた頃に事故が起きるといわれますが，これからは，車を動かすときには，周りの状況をよく確かめて，全神経を車の操作に注ぐようにします。」

ノーマン（Norman, 1981）は，人間が犯す誤り（ヒューマンエラー）をアクション・スリップとミステイクに分類した。ミステイクが行為の意図そのものが不適切であるために生じる誤りであるのに対し，アクション・スリップは，意図は正しいにもかかわらず，意図に反する行動をとってしまうことをさす。セレンとノーマン（Sellen & Norman, 1992）の説によれば，日常の多くの行動は，私たちがすでに獲得している行動の手順，すなわちスキーマ（schema）によって遂行されると考えられる。しかし，普段と異なる状況で，習慣化したスキーマが駆動されると，アクション・スリップが生じ，不適切な結果を招く可能性が高くなる。アクション・スリップを回避するには，自分の行動に注意を向ける意識的制御モードを採用することが必要で，このモードでは行動は遅くなるが，環境が変化しても柔軟に対応することができる。

第4章のキーワード

ビジランス，覚醒水準，選択的注意，分割的注意，両耳分離聴，追唱，フィルター説，カクテルパーティ現象，ブレイクスルー，初期選択と後期選択，減衰説，スポットライトメタファ，ズームレンズメタファ，視覚的探索，ポップアウト，特徴探索，結合探索，並列的処理，系列的処理，結合錯誤，特徴統合理論，注意の捕捉，変化の見落とし，前注意過程と集中的注意，分割的注意，二重課題法，注意の容量，単一リソースモデルと多重リソースモデル，アクションスリップとミステイク

◇さらに深く勉強するためのキーワード

イースターブルック仮説（Easterbrook's hypothesis）：覚醒水準と注意の関係についての仮説で，動機づけや情動的興奮により，覚醒水準が高まりすぎると，注意の幅が狭まり，適切な行動をとるために必要な環境からの手がかりを利用しにくくなるという考え。犯罪の目撃者が，犯人の容貌など犯罪捜査に役立つ特徴よりも，凶器の方に注意が集中してしまう凶器注目効果も，この仮説から説明される。

視覚的マーキング（visual marking）：現実の生活では，視覚探索の対象となる項目はすべて同時に出現することは少なく，時間的にずれて探索項目が現れることが多い。その際。すでに無関連であると判断した項目にはマークづけを行い，たとえその項目が目の前に存在し続けていても，その後の探索の対象から省略し，探索を効率的にする働きを視覚的マーキングという。この効果は実験的には，結合探索課題でディストラクタを時間的に2段階に分けて提示する手続きによって観察することができる。

誘導探索理論（guided search theory）：特徴統合理論が予測するよりも結合探索が速く遂行されるという実験結果を解釈するために考案された説で，初期の特徴分析において，ターゲットと特徴を共有する項目だけが活性化すると考える（Wolfe, 1998）。たとえばターゲットが赤の水平の線分の場合，赤もしくは水平の特徴をもつ項目だけが活性化され，それ以外のディストラクタは存在していても探索の対象からは外れ無視されるという予測を行っている。

【参考文献】

Broadbent, D.E. 1958 *Perception and communication*. London, England: Pergamon.
Cherry, E.C. 1953 Some Experiments on the Recognition of Speech, with One and Two Ears. *Journal of the Acoustical Society of America*, **25**, 975-979.
Eriksen, C.W., & St James, J.D. 1986 Visual attention within and around the field of focal attention: a zoom lens model. *Perception and Psychophysics*, **40**, 225-240.
Deutsch, J. & Deutsch, D. 1963 Attention: Some theoretical considerations. *Psychological Review*, **70**, 80-90.
Gazzaniga, M.S., & Heatherton, T.F. 2003 *The psychological science: Mind, brain, and behavior*. New York: W.W. Norton.

Kahneman, D.　1973　*Attention and effort.* Englewood Cliffs, NJ: Prentice-Hall.
Levin, D.T., & Simons, D.J.　1997　Failure to detect changes to attended objects in motion pictures. *Psychonomic Bulletin and Review*, **4**, 501-506.
Luck, S.J., Fan, S., & Hilyard, S.A.　1993　Attention-related modulation of sensory-evoked brain activity in a visual search task. *Journal of Cognitive Neuroscience*, **5**, 188-195.
Martindale, C.　1991　*Cognitive psychology: A neural-network approach.* Pacific Grove, CA: Brooks/Cole Publishing Company.
Neisser, U.　1967　*Cognitive psychology.* Englewood Cliffs, NJ: Prentice-Hall.（大羽　蓁訳　1987　認知心理学　誠信書房）
Norman, D.A.　1981　Categorization of action slips. *Psychological Review*, **88**, 1-15.
Posner, M.I.　1980　Orienting of attention. *Quarterly Journal of Experimental Psychology*, **32**, 3-25.
Rensink, R.A., O'Regan, J.K., & Clark, J.J.　1997　To see or not to see: The need for attention to perceive changes in scenes. *Psychological Science*, **8**, 368-373.
Sellen, A.J., & Norman, D.A.　1992　The psychology of slips. In B.J. Baars (Ed.), *Experimental slips and human error: Exploring the architecture of volition.* New York: Plenum Press.
Strayer, D.L., & Johnston, W.A.　2001　Driven to distraction: dual-Task studies of simulated driving and conversing on a cellular telephone. *Psychological Science*, **12**, 462-466.
Treisman, A.　1964　Selective attention in man. *British Medical Bulletin*, **20**, 12-16.
Treisman, A.　1988　Features and objects: The Fourteenth Bartlett Memorial Lecture. *Quarterly Journal of Experimental Psychology*, **40A**, 201-237.
Treisman, A., & Gelade, G.　1980　A feature integration theory of attention. *Cognitive Psychology*, **12**, 97-136.
Wickens, C.D.　1984　Processing resources in attention. In D.R. Davies, (Ed.) *Varieties of Attention.* New York : Academic Press. pp. 63–258.
Wolfe, J.M.　1998　What Can 1,000,000 Trials Tell Us About Visual Search? *Psychological Science*, **9**, 33-39.
Yantis, S., & Jonides, J.　1990　Abrupt visual onsets and selective attention: Voluntary versus automatic allocation. *Journal of Experimental Psychology: Human Perception and Performance*, **16**, 121-134.

第5章

教授・学習

　「教授・学習」は,「教えること・学ぶこと」と言い換えてもよい。これは,日本で一般に言われている「授業」と言ってもよいだろう。ところが,「教授」と「学習」を切り離してみると,心理学の歴史の中ではそれぞれ固有の意味をもつようになる。そこで,まず,「教授・学習」という用語の意味を取り上げ,理解した後,この領域の中で特に重要と思われる教授・学習の基礎理論,学習意欲と動機づけに焦点を当て,A君と先生の対話を通して学んでいくことにする。

第1節　教授・学習の意味

1.1　教授・学習とは

　A君　「『授業』という言葉なら聞いたことがあるのですが,『教授・学習』という言葉は,普段使ったことがありません。どのような意味があるのですか。」

　先生　「『教授』というのは『教えること』,『学習』というのは『学ぶこと』。たとえば,教師が生徒に対して教える働きかけは『教授』と呼び,生徒が知識や技能を身につけることは『学習』と呼ぶのです。」

　A君　「『学習心理学』という分野名も聞いたことがあるのですが,それとの関係はどうなるのですか。」

　先生　「たしかに,本屋さんに行くと,『学習心理学』というタイトルの本が並んでいます。もともと学習という用語には,暗黙のうちに『目に見える行動(overt behavior)』が含まれていました。そこでは学習を『経験の結果生じ

表5-1 教授・学習に関連する用語の定義 (辰野他, 1986)

授業 teaching instruction	児童・生徒が教師の指導のもとで，文化財としての教材の本質を追究し，民族と人類が築きあげてきた文化的世界の中に分け入り，その世界を拡大していく共同の活動。現在は授業の概念が拡大され，各教科，道徳の他，特別活動の指導も含まれている。
教授 instruction	教授・学習過程における教師の活動。これには児童・生徒への認識的課題の提出，新しい知識の伝達，観察・実験・実習作業の組織化，知識の習得・定着・応用のための生徒の活動の指導，知識・能力・習熟の質の点検がある。
学習 learning	一定の経験によって行動が永続的・進歩的な変容をすること。変容が外に現れないこともある（潜在学習）。行動の変化が一定の経験によって起こる点で，成熟による変化と区別し，能率が増加する点で，疲労と区別する。なお，行動には，知識，理解，技能，態度なども含める。

る比較的永続的な行動の変容』と定義しています。そして，その中身は，動物実験をもとに明らかになった原理や説明が中心になったのです。ところが，1960年代以降，ヒトの行動を頭，つまり脳の中での活動をモデル化して言葉の記憶や理解など，『目に見えない行動（covert behavior）』を研究する『認知心理学』が登場しました。現在では，こちらの方が，主流かもしれません。」

　A君　「学習心理学や認知心理学と教授・学習との関係はどうなるのですか。」

　先生　「学習心理学や認知心理学の成果は，人間の教授・学習行動にもさまざまな影響を与えてきました。たとえば，学習心理学の成果はプログラム学習や行動療法に利用されています。また，認知心理学の成果は，学校での教科学習をはじめ，マニュアル作成など，多様な場面に応用されています。」

1.2　教授・学習と発達

　A君　「これまでの先生の説明で，授業と教授・学習という言葉の関係がわかってきました。ところで，教えるという教師の活動が始まる前に，子どもには発達するという，生まれながらにもった特性があるのでしょうか。そのあたりのところを，教師の教えるという活動，つまり教授との関係で，どのように考えればよいのでしょうか。」

　先生　「それはよい質問ですね。もともと人間には発達するという特性がありますが，この問題は，発達と環境，あるいは遺伝と環境，氏か育ちかといった問題に行き着きます。」

A君　「ずいぶん大きな問題なのですね。では，発達と環境とか，遺伝と環境といった問題の決着はついているのですか。」

先生　「この問題も，研究の進展により，どちらが優勢かということが次第に鮮明になってきました。かつて，『行動主義（Behaviorism）』（1925）を著したワトソン（Watson, J.B.）が，"私に1ダースの見目のよい嬰児と，彼らを育てる特殊な世界を与えよ。そうすれば，その中の誰でもランダムに取り上げ，彼の才能，性向，能力，適性および先祖の人種のいかんを問わず，どのようなタイプの専門家，たとえば医者，弁護士，芸術家，すぐれた商人または乞食にでも，になれるよう訓練してみせよう"と述べたように，極端な環境万能論まで登場しました。この考え方は，スキナーの強化理論にもつながっていくのですが，環境の影響が大きいと考える立場と言えるでしょう。現在ではそのような極端な考え方をする研究者はいないと思います。他方，遺伝の影響についても最近では，遺伝子レベルで論じられています。しかし，遺伝か環境かの問題については，どちらか一方というのではなく，どちらも影響し合っているが，その程度はケース・バイ・ケースと考えるのがよいかもしれません。この考え方は遺伝と環境の輻輳説と言われています。」

A君　「遺伝と環境の問題は，実際の教授・学習活動との関連ではどのような意味をもつのでしょうか。」

先生　「遺伝か環境かに関連する，教授・学習に関わる重要な概念としてレディネスの問題も議論されてきました。レディネスとは，新しい課題を学習するための準備状態がすでに子どもの中に存在することを示す概念です。」

A君　「具体的にはどのようなことが考えられるのでしょうか。」

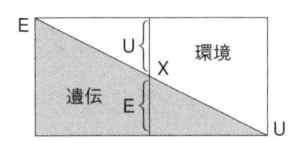

図5-1　輻輳説の図式
（高木, 1950；新井, 1991）
E点寄りの形質ほど遺伝の規定を強く受け，U点寄りの形質ほど環境の規定を強く受ける。E点，U点は極限点であって，遺伝または環境の規定だけを受ける形質は存在しない。

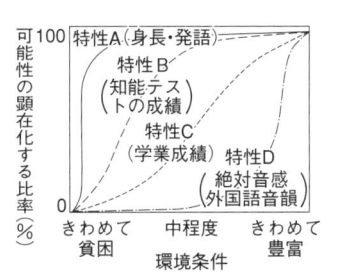

図5-2　遺伝的可能性が顕在化する程度と環境の質との関係（Jensen, 1968；新井, 1991）
特性A（身長・発語）
特性B（知能テストの成績）
特性C（学業成績）
特性D（絶対音感，外国語音韻）

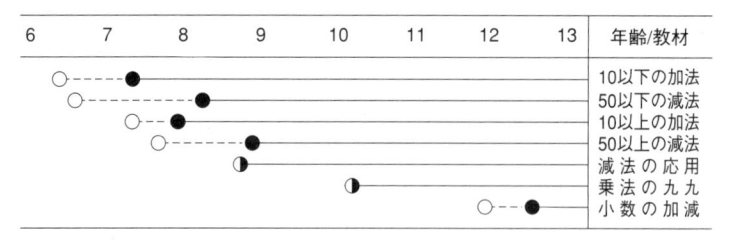

年齢/教材	6	7	8	9	10	11	12	13
10以下の加法								
50以下の減法								
10以上の加法								
50以上の減法								
減法の応用								
乗法の九九								
小数の加減								

○学習に必要な最低の精神年齢
●学習に必要な最適の精神年齢
◐は○と●が同時期であることを示す。

図5-3 各種計算の学習に必要な精神年齢（Washburne, 1931より作図；新井，1991）

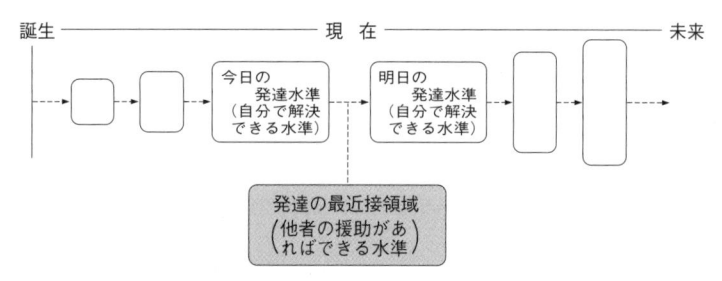

図5-4 発達の最近接領域（ヴィゴツキー, 1962より作図；新井，1991）

　先生「レディネスを重視する立場に立つと，たとえば，算数では，かけ算やわり算の学習の前提として，足し算や引き算ができなければなりません。また，それ以前には数の概念もなければいけません。これらは，階層性をなしていて，その中で下位の階層にある知識や技能は，上位の概念を学習するための必要条件ということになります。この考え方にたつと，レディネス待ちの教育になります。」

　A君「でも実際の教育では，かならずしも子どものレディネスができるのを待つだけではないように思います。幼児からの英会話や算数の塾がはやっていますが，これらはどう考えたらよいのでしょうか。」

　先生「それはレディネス促成の教育と言ってもよいと思います。つまり，遺伝の影響を強く受ける子どもの心身の成熟と違って，知的な学習の場合，積極的にレディネスを作っていくという考え方です。これはビゴツキー（Vygotsky, L.S.）の唱えた発達の最近接領域（Zone of Proximal Development）

に従ったものと言ってもよいでしょう。しかし，知的な側面にばかりウェイトを置いた教育をすると，バランスを欠いた人間が育つ危険があるかもしれません。そのあたりが実際の教育では難しいところです。」

1.3 教授・学習システム

　A君　「授業は，専門的には教授とか学習といった言葉で表わされることはわかりました。学習心理学や認知心理学という学問分野と深いつながりがあることもわかりました。ところで，最近では，『授業のシステム化』といった言葉も聞くのですが，その言葉の意味を教えてください。」

　先生　「もともとシステムという言葉は，ある目標を達成するために，構成要素を階層構造に分析して最適な組み合わせの状態にすることを意味します。」

　A君　「この場合の構成要素というのは，学習心理学や認知心理学の成果も含まれるのですか。」

　先生　「そのとおりです。この考え方を教育に適用したのが教育工学です。教育工学では，授業を目的達成のための1つのまとまりをもつ全体としてとらえ，その最適化の方策と技法を開発しようとしてきました。当初，教育工学は，ティーチング・マシーンや教育機器やコンピュータを使った授業を提案してきましたが，現在では，パソコンはもちろんインターネットを活用した授業まで提案しています。」

　A君　「具体的にはどのようなものがあるのでしょうか。」

　先生　「昔は，計算や英単語のドリルが多かったのですが，次第に，改良さ

表5-2　コンピュータの教育利用（坂元, 1988を一部修正）

- ● CAI（Computer Assisted Instruction）
    - フレーム型
    - 自動生成型
    - シミュレーション型
    - データベース型
- ● ツール学習
    - ワープロ
    - お絵かき
    - LOGO
- ● CMI（Computer Managed Instruction）
- ● インターネット【CSCL（Computer Supported Collaborative Learning）】

れ，生徒の反応の仕方によって，パソコンからのメッセージや提示する教材も変化するものに代わってきました。より人間の学習活動の特殊性に合わせた形で，変化してきました。最近では，インターネット上で，複数の学習者がそれぞれ情報交換をしながら協働で学ぶCSCLシステムも開発されています。」

1.4 教授過程と学習過程

A君　「授業という言葉が，どんな意味を含んでいるのか，そして，それに関する専門用語としての教授や学習という言葉の意味，そして最近よく使われるシステムとかシステム化のイメージもだいぶすっきりしてきました。そこでもう1つ。教授過程とか学習過程，それらをくっつけて教授・学習過程といった言葉もときどき目にするのですが，これについてはどうでしょうか。」

先生　「教授とか学習という言葉に，過程がついた場合は，それぞれが経過する過程といった意味合いが強くなります。たとえば，教授過程では，学校教育で教師が指導をする過程となり，学習過程では，児童生徒が知識や技能等を習得する過程という意味になります。

教授・学習過程は，教師と児童生徒の関わり合い（相互作用）に焦点を当てた言葉と言えるでしょう。いずれも研究者の考え方，つまりどんな理論を考えるかによって，理解の仕方が変わってきます。これらは学習理論と呼ばれ，行動理論，認知理論等のように，学習過程をどのようにとらえるかにより変わってきます。」

A君　「よくわかりました。でも，最後に出てきた学習理論にはいろいろあるようですが，その実際はどうなのでしょうか。」

先生　「では，そのあたりを，学習理論の歴史的展開も含めて説明していきましょう。」

第2節　教授・学習の基礎理論―いつから始まったのか―

2.1 学習研究は動物研究で始まった

A君　「教授活動や学習活動に関する心理学の理論には，どのようなものがあるのでしょうか。」

先生　「教授活動や学習活動に関する心理学の理論構成は，もともと，動物実験でスタートしました。ネズミ，イヌ，ネコ，ハトなどを対象として，どのようにしてある行動が習得されるのかの原理を明らかにしようとしたのです。」
　A君　「ヒトの教授活動や学習活動を研究するのに，なぜヒトではなく，動物で実験したのですか。」
　先生　「ヒトを用いると，実験室での実験のように，実験条件を整えにくいことが考えられます。たとえば，同じことを繰り返す作業をして，どれくらい繰り返すと成果が鈍るかといった実験でヒトを用いることは倫理的に許されないからです。」
　A君　「わかりました。では実際にどんな動物を使って，どんな理論が作られたのでしょうか。」

2.2　教授・学習に関する理論の構築
(1) 行動理論
　先生　「教授活動や学習活動に関する心理学の理論は，大きく分けると，行動理論，認知理論，情報処理理論があります。行動理論には，イヌを使って古典的条件づけの理論を構築したパブロフ（Pavlov, I.P.），ハトを使って道具的条件づけの理論を唱えたスキナー（Skinner, B.F.），ネコを使って試行錯誤説を唱えたソーンダイク（Thorndike, R.L.）がいます。」
　A君　「具体的にはどのようなことを研究したのでしょうか。」
　先生　「パブロフの古典的条件づけの理論は，S型条件づけと呼ばれます。刺激（Stimulus）を与えて，それに応じて起こる反応（Response），すなわち定位反射と同時に学習させたい反応を対提示すると，学習させたい反応が修得されると考えます。パブロフは，どれくらいの量や時間間隔で与えるとよいかも検討し，理論化しました。それに対して，スキナーの道具的条件づけの理論は，R型条件づけと呼ばれます。スキナーは生体が何らかの反応（Response）をした後に，何を報酬として与えるかが重要だと考えました。スキナーは，この報酬を，強化（reinforcement）と呼んだのです。彼はハトを使って，どんな条件のとき，もっともよく行動が形成されるかを検証する実験をしました。

その成果が強化理論と呼ばれるものです。それから，ソーンダイクはネコを使って，実験を行い試行錯誤説を唱えました。さらに，学習の理論として練習の法則，効果の法則，準備の法則も提出しました。」

A君　「理論の方はわかったのですが，どのように教授活動や学習活動に生かされたのですか。」

先生　「パブロフやワトソンの理論は，後に，行動療法と呼ばれる問題行動の治療に利用されたのですが，教授や学習の実際にはそれほど大きな影響をも

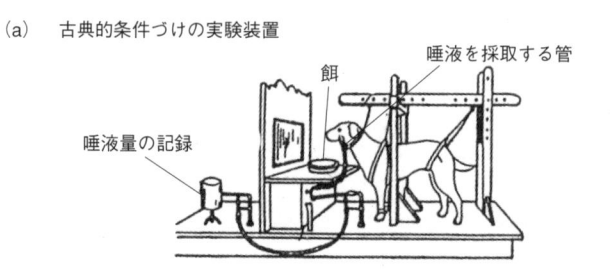

(a)　古典的条件づけの実験装置

(b)　条件づけの時間過程

（Ⅰ）　条件づけ前

　　　ベルの音　──定位反射──▶　耳をそば立てる
　　　（条件刺激；CS）　　　　　（反応）

　　　餌　──無条件反射──▶　唾液の分泌
　　　（無条件刺激；UCS）　　　（無条件反応；UCR）

（Ⅱ）　条件づけ期間（強化試行）

　　　CS
　　　　↓　反復
　　　UCS　──────▶　UCR

（Ⅲ）　条件づけ完成

　　　CS
　　　　↘
　　　　　　CR（唾液の分泌）

（Ⅳ）　消去，分化・汎化，高次条件づけ

図5-5　古典的条件づけの実験事態と条件づけの時間過程（杉原・海保，1986）

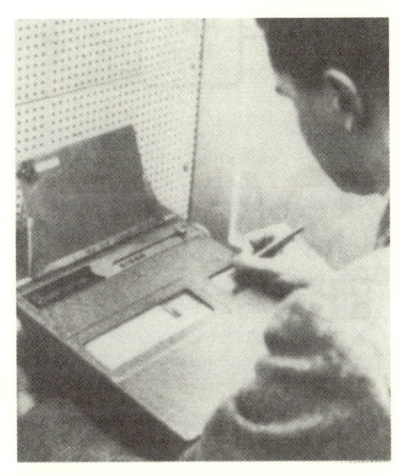

第2節　教授・学習の基礎理論—いつから始まったのか—　*151*

直線型プログラムによるティーチング・マシン（TM）
（Atkinson *et al.*, 1981）
左側にあるツマミを回すと、左の窓に問題文が、右の窓に解答記入欄が現れる。

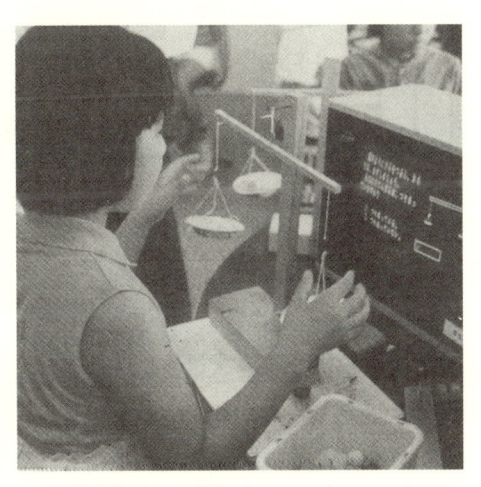

分岐型プログラムの発展したCAI（中山・東原, 1986）
学習者の解答の仕方によって次の問題文が変化するようプログラムされている。

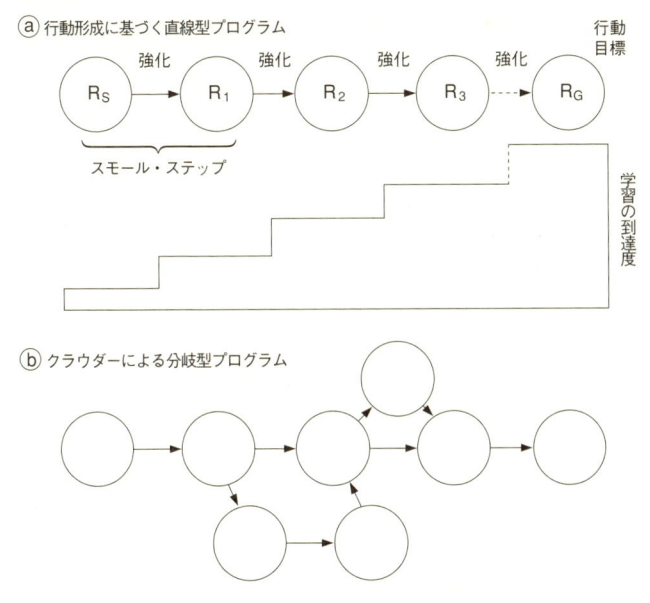

ⓐ 行動形成に基づく直線型プログラム

$R_S \xrightarrow{強化} R_1 \xrightarrow{強化} R_2 \xrightarrow{強化} R_3 \xrightarrow{強化} R_G$　行動目標

スモール・ステップ

学習の到達度

ⓑ クラウダーによる分岐型プログラム

プログラム学習のタイプ（東, 1987）

図5-6　スキナーの強化理論とティーチング・マシン　（東, 1987）

たらしませんでした。一方，スキナーの強化理論は，ティーチング・マシンの開発につながり，現在，盛んに行われている CAI の基礎理論となりました。他方，ソーンダイクは，学習の諸理論を教科学習に応用し，『算術の心理』を著しました。この成果は最近，盛んに研究されている『教科の心理』の先駆けとなったものです。それにより，ソーンダイクはヒトを対象とした心理学研究の祖とされたり，教育心理学の祖とされたりしているのです。」

(2) 認知理論

A君　「ここまでの話はだいぶ古い話のような気がします。最近では，コンピュータやITなどの研究の進展が目覚ましいのですが，そういった研究に関係する学習理論はないのですか。その後の学習理論も含めて説明してもらえないでしょうか。」

先生　「行動理論と対極にあるものとして，認知理論があります。その提唱者はケーラーです。ケーラー（Köhler, W.）は，サルを使って，行動理論だけでは，生体の学習を説明できないことを証明しました。つまり，1つの行動は，小さな行動の総和ではないことを示しました。ジャンプしても届かないところにあるバナナを，サルがしばらく眺めていたのですが，ある瞬間に「洞察」し（見通しをもち），箱を重ね棒を使ってバナナを獲得したのです。こうした理論は，やがてコンピュータの発展とも結びついて，情報処理理論に発展していきます。」

(3) 情報処理理論

先生　「現在では，コンピュータをモデルとした情報処理理論という考え方が主流です。もちろん，先に述べた行動理論も，さまざま

図5-7　類人猿の知恵試験
吊した食物に達しようとして箱の上に箱を積み重ね，さらに棒を用いるという実験状況のチンパンジー
（ケーラー，1921; アイブル・アイベスフェルト，1978）

な教授・学習場面で生かされているのですが，まず，情報処理理論について述べましょう。」

　A君　「なぜコンピュータをモデルとして，ヒトの学習を考えたのでしょうか。」

　先生　「よいところに気づきましたね。情報処理理論では，ヒトの学習活動の中でも，頭の中で行っていることをブラックボックスと考え，もっとも適合するモデルを考えて，それに基づき実験的検証を行います。アトキンソンとシフリン（Atkinson, R.C., & Shiffrin, R.M., 1968）は，まず，2つの記憶システムを考えました。すなわち，短期記憶と長期記憶です。」

　A君　「アトキンソンとシフリンの研究もずいぶん前のことになると思いますが，物事を覚える仕組みを，短期記憶と長期記憶に分けて考えるとわかるような気がします。」

　先生　「アトキンソンとシフリンのモデルに刺激を受けて，次々とそれを精密にしたモデルが提案されました。現在では，短期記憶は作業記憶（ワーキング・メモリ）と呼ばれ，ダイナミックな記憶システムと考えられています。また長期記憶もその構造が，エピソード記憶，意味記憶，手続き的記憶に分けて考えるなど進展しました。」

(4) 学習理論と教授・学習活動の関係

　A君　「でもこれらの理論は，どんな教授行動や学習行動につながっていったのですか。もう少し知りたいような気がします。」

　先生　「学習理論には，行動理論から認知理論までさまざまです。」

　A君　「認知理論はどのような学習法や教授法に発展したのですか。」

　先生　「認知理論は，ヒトの頭の中での認知構造の変容を重視します。つまり行動理論のように，知識の全体は個々の知識の総和ではなく，知識そのものの構造が変化すると考えるのです。この考え方は，発見法という教授法に発展しました。その主導者がブルーナーです。彼は，学習を知識の構造が変容することととらえ，それを促す方法として，発見学習を提唱したのです。」

　A君　「その発見学習というのは実際の授業では，どのように行われるのですか。」

表5-3　学習理論と教授理論の関係　(Lefrancois, 1985；辰野, 1994)

理論	関心のある項目	代表的主張者	教師に対する有用性
行動理論	刺激 反応 強化 罰	ワトソン ソーンダイク ガスリー スキナー	技能と態度の学習を説明する。 強化の重要性を強調する。
認知理論	意思決定 理解 認知構造 知覚 情報処理 記憶	オーズベル ブルーナー ピアジェ	理解（意味）の発達を説明する。 意味と体制化の重要性を強調する。

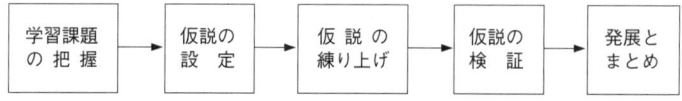

学習課題の把握 → 仮説の設定 → 仮説の練り上げ → 仮説の検証 → 発展とまとめ

図5-8　発見学習の過程　(水越, 1977)

科学的な原理・法則を教師が直接教授するのではなく，児童生徒自らが観察や分析をしながら学習するところ，すなわち，子ども自身が原理・法則を「発見」するところに特徴のある方法。ブルーナー（Bruner, J.S.）により提唱された。

　先生　「たとえば，理科では原理や法則がはっきりしているので適用しやすいのですが，まず，教師が授業で何を取り上げるのかの説明をします。それにより生徒は，この時間で自分たちがすることを理解し，仲間と話し合いながら仮説を練り上げます。そしてそれを実際に実験したり，観察したりして，その結果を確かめます。最後に，それについて仲間と話し合い，仮説との関係などを話し合います。」
　A君　「これは仮説実験授業と似ていますね。」
　先生　「そのとおりです。」

(5) 教授学習理論の新しい展開
　先生　「ところで，最近では，認知心理学の研究が教授・学習分野にインパクトを与えるようになってきました。素朴理論とか素朴心理学，心の理論，社会構成主義といったものが登場しました。」
　A君　「素朴心理学って何ですか。これまでの理論とずいぶん違った感じがするのですが。」

第2節 教授・学習の基礎理論―いつから始まったのか―

| 先行オーガナイザー | ➡ | 教材（免疫性に関する部分のみ） |

先行オーガナイザー側：

　山崩れが起きる仕組みは、私たちがカゼにかかる仕組みとよく似ている。
　第一に、私たちがカゼをひくとき、私たちの外側にカゼのビールスが存在する。このような外側にある原因を「誘因」という。同様に、山崩れも、それを引き起こす何らかの誘因が、まずその山の外側になければならない。
　第二に、私たちの内側にも何らかの原因がなければカゼはひかない。この内側の原因を「素因」という。カゼの素因としては、疲労・栄養不良などがある。同様に、山崩れが起こるために、その山の内側にもしかるべき素因が認められる。
　第三は「免疫性」である。過去に一度カゼにかかったことがあれば、その型のカゼのビールスに対して私たちには免疫ができる。同様に、過去に一度大規模な山崩れを起こしていれば、その山は今後の山崩れに対して免疫性を獲得したといわれる。

教材側：

　…キャサリン台風は、赤城山に襲来する以前に、群馬県の手前の埼玉ですでに秩父山地を襲っていたのである。けれども、赤城山の場合とは対称的に秩父山地では山崩れも土石流も起こらなかった。これはどういうことだろうか。
　…その理由としては、約40年ほど前の…大豪雨が挙げられるだろう。このとき、秩父山地はいたるところで被害にあい…「谷は大きな土石流を押し出し、徹底的に砂レキをはきだしてしまった」ということである。赤城山には、このような以前の災害の記録はないことから、キャサリン台風による大被害を招いたものと思われる。…

図5-9　先行オーガナイザーを用いた有意味受容学習の例（池田・田中, 1985）

ある知識内容を学習するとき、あらかじめ抽象性の高い情報を与えておくと、その学習が促進される。オーズベル（Ausubel, D.P.）はこれを先行オーガナイザーと呼んだ。この例では、「カゼの原因」が先行オーガナイザーに当たる。

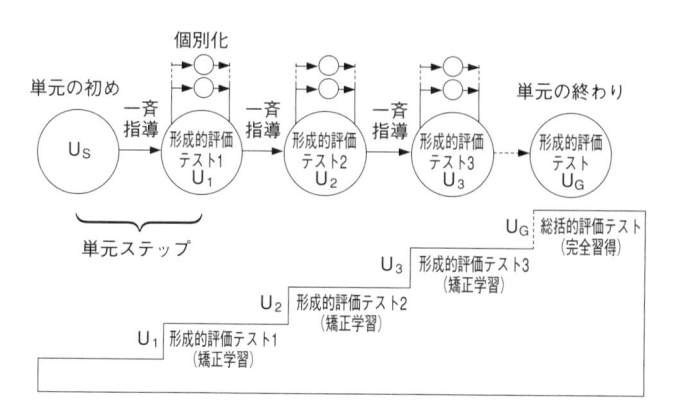

図5-10　完全習得学習（東, 1987）

「どんな学習者でも十分な学習時間をかければ、学習課題を達成できる」（Carroll, 1963）。この考えを実現するため、ブルーム（Bloom, B.S.）が考案した。一斉指導の後、単元指導の過程で行う形成的評価を行い、達成が不十分なときは、個別指導を行うシステム。

先生「認知心理学は,領域固有性,つまり,行動主義の心理学のように,どのような対象・領域でも通用する一般性の高い理論の構築をめざすのではなく,特定の対象や領域ごとの理論をめざしています。特に学校の教科学習に関係する理論を構築するとなると,ピアジェ(Piaget, J.)のいう認知発達段階の影響もあるし,また,教材によっても異なります。たとえば,国語と算数では,学習の内容も構造もまったく違うのは明らかで,それに共通の理論構築というのは困難であることが知られていました。そのような背景があって,素朴理論が生まれたのです。」

A君「背景はよくわかりました。では具体的にどんな研究が素朴理論とか素朴心理学なのですか。」

先生「素朴理論では,子どもには子どもの論理があると考えるのです。したがって,子どもの論理から,いろいろな知識が生成されることになります。ところが,学校で学習する教科学習の内容は,言ってみれば大人が作った学問体系であったりするのです。したがって,学校では,それを子どもが学ぶとき,自分の体験やその体験から知識として頭に蓄えたものとの間に矛盾が生じるのです。これは,「誤概念」と呼ばれます。たとえば,「直落信念」と言ったものがあります。これは,ものを落とすと真下に落ちるという経験則に基づくものです。ところが物理学の考え方では,さまざまな条件で変化するというのが常識となっています。」

表5-4 学習指導要領の内容と児童の素朴理論 (山本, 2001より抜粋)

学習指導要領の内容(抜粋)	児童の素朴概念
〔第4学年〕 B 物質とエネルギー (3) 乾電池や光電池に豆電球やモーターなどをつなぎ,乾電池や光電池の働きを調べ,電気の働きについての考えをもつようにする。	○ひとつの豆電球と乾電池の回路で+から豆電球への電流は多いが,豆電球から-への電流は少ない(Osborn, 1983)。 ○懐中電灯で豆電球に近い乾電池を流れる電流は強い(Cosgrove & Osborn, 1983)。 ○豆電球では電池の両極から電気が流れ,豆電球で衝突するため光る(Osborn, 1983)。
C 地球と宇宙 (1) 月や星を観察し,月の位置と星の明るさや色および位置を調べ,月や星の特徴や動きについての考えをもつようにする。	○月を屋上から見ると,もう少し大きく見える(松森, 1996)。 ○北極星は,北にあるから頭の真上にあると思う(松森, 1996)。

A君　「ほかにどんなものがあるのですか。」
先生　「生徒一人ひとりの個性や個人差を生かしながらも学力向上に貢献できる指導法としては，学習内容に入る前に，その要約や学習内容の全体像を表す図などの先行オーガナイザーを利用した有意味受容学習や，前項でも述べた，生徒の問題解決能力を高める発見学習があります。それから，『落ちこぼれ』を一人も出さぬよう学級集団での指導と個別指導を組み合わせた『完全習得学習』の考え方もあります。これらは，それぞれ，一長一短があるので，それを考えながら，現状に合わせて利用することが大切です。」

第3節　学習意欲と動機づけ

A君　「最近，勉強する意欲が低下している子どもが増えているそうですが，それに対応する理論はあるのでしょうか。」
先生　「意欲は，別の言葉で言うと『ヤル気』と言ってもよいでしょう。学校での勉強が全部面白くて，楽しくて仕方がない内容だけだったら問題ないのですが，実際には，面白くもないし，やりたくもないのにしなければならない勉強がたくさんあります。
　小学生を対象に好きな教科を挙げてもらうと，必ず上位にくるのは体育や図工といった教科ですが，必ず下位になるのは算数とか国語のように，社会に出てからとても重要な教科であることが多いのです。そこでこうした教科をどうしたら意欲をもって勉強するようになるのか，といったことが学校の先生にとっては重要な課題になるのです。」

A君　「意欲とかヤル気というのはどういう仕組みで生まれるのですか。」

先生　「心理学では，

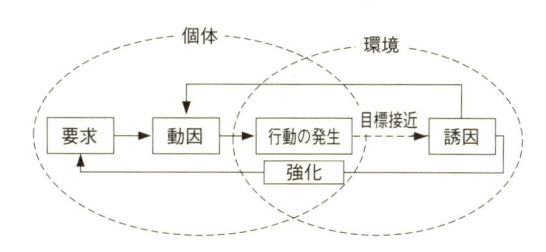

図5-11　**動機づけの過程の説明図**（杉原・海保, 1986）
要求に基づく動因（不快な緊張状態）が発生すると，それを逃れるためにヒトや動物は行動を起こす。その行動が達成されると，その行動は強化となり，再び同じ行動を起こしたり回避する条件となる。

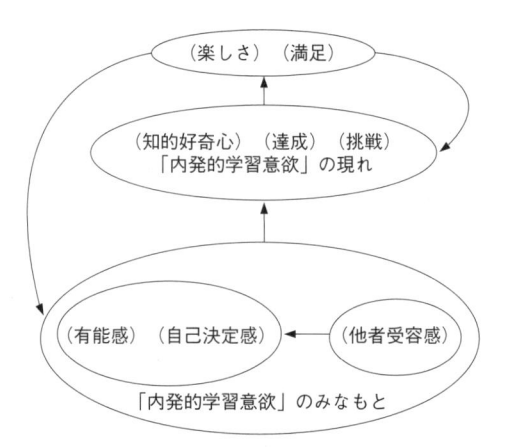

意欲とかヤル気の問題を『動機づけ』という研究領域で行ってきました。最初，『飴とムチ』でヒトの行動をコントロールする外発的動機づけの理論が登場し，たとえば，生徒がどんな報酬や罰を受けると教師の望む行動を形成できるか，といった視点から応用されるようになりました。この影響が"生徒を叱るより褒めなさい"という提案に見られます。しかし，実際に，

```
          （楽しさ）（満足）
              ↑
      （知的好奇心）（達成）（挑戦）
         「内発的学習意欲」の現れ
              ↑
   （有能感）（自己決定感）←（他者受容感）
         「内発的学習意欲」のみなもと
```

図5-12 内発的学習意欲（内発的動機づけ）の発現プロセス（桜井，1997）

「面白そうだ」（知的好奇心），「だから自分でやる」（自己決定）と挑戦し，その結果，成功（達成）し，「やればできるんだ」（満足，有能感）という感情をもち，さらにそのとき周囲からも認められる（他者受容）ことで，内発的学習意欲は育っていく。

叱った方がよく勉強する子と，褒めた方がよく勉強する子に分かれることもわかってきました。結局のところ，子どもの成績や性格など，いろんな要因が関係することがわかってきました。そこで，最近では，「内発的動機づけ」が研究されるようになりました。これは言ってみれば「自ら学ぶ意欲」をどうやって引き出すかといった理論の研究と言ってもよいでしょう。」

A君　「自ら学ぶ意欲，という言葉は，自分から進んで学ぶ，ということでしょうか。」

先生　「そのとおりです。現在では自己教育力とか自己学習力と呼ばれているものです。」

第5章のキーワード

教授・学習，授業，教えること・学ぶこと，教授，学習，学習心理学，認知心理学，授業のシステム化，ティーチング・マシーン，行動理論，認知理論，遺伝と環境，レディネス，情報処理理論，古典的条件づけ，道具的条件づけ，強化，短期記憶，長期記憶，作業記憶，エピソード記憶，意味記憶，手続き記憶，発見学習，仮説実験授業，有意味受容学習，先行オーガナイザー，完全習得学習，素朴理論，社会構成主義，外発的動機づけ，内発的動機づけ，自己教育力

【参考文献】

Atkinson, R.L., Atkinson, R.C., & Hilgard, E.R.　1981　*Introduction to Psychology*, 8th ed. Harcourt Brace Jovanovich, Inc.

Atkinson, R.C., & Shiffrin,R.M.　1968　Human Memory: A proposed system and its controled system. In K.W. Spence & J.T. Spence (Eds.), *The psychology of learning and motivarion: Advance in research and theory,Vol.2.* Academic Press.

アイブル・アイベスフェルト　伊谷純一郎他訳　1978　比較行動学　みすず書房

Ausubel, D.P., & Fitzgerald, D.　1961　The role of discriminability in meaningful verbal learning and retention. *Journal of Educational Psychology*, **52**, 266-274.

新井邦二郎　1991　図でよむ心理学　学習　福村出版

東　洋　1987　教育の方法　日本放送出版協会

ブルーナー, J.S.　鈴木祥蔵・佐藤三郎訳　1963　教育の過程　岩波書店

Carroll, J.　1963　A model of school learning. *Teacher College Record*, **64**, 723-733.

Cosgrove, M., & Osborn, R.J.　1983　*Electrical circuits: Teachers guide*. Hamilton, N.Z. S.E.R.U., University of Waikato.

Jensen, A.R.　1968　Social class, race, and genetics: Implication for education. *American Educational Research Journal*, **5**, 1-42.

池田進一・田中　敏　1985　先行オーガナイザー研究における実験図式の改善　読書科学，**29**, 41-55.

北尾倫彦・中島　実・井上　毅・石王敦子　1997　グラフィック心理学　サイエンス社

ケーラー, W.　宮孝一訳　1962　類人猿の知恵試験　岩波書店

Lefranccois, G.R.　1985　*Psychology for teaching*. Wadsworth.

松森靖男　1996　「地球と宇宙」の教材内容の特性　森本信也編　子どものコミュニケーション活動から生まれる新しい理科授業　東洋館　pp.73-93.

水越敏行　1977　発見学習入門　明治図書

中山和彦・東原義訓　1986　未来の教室　筑波出版会

Osborn, R., & Freyberg, P.　1985　*Learning in science: The implication of children's science*. Heinenmann.

坂元　昂　1988　情報化社会における教育メディアの発展とコンピュータ教育　教育情報研

究, **4**(3), 3-13.
桜井茂男　1997　学習意欲の心理学―自ら学ぶ意欲をもつ子どもを育てる―　誠信書房
杉原一昭・海保博之　1986　事例で学ぶ教育心理学　福村出版
髙木正孝　1950　遺伝と環境　脳研究, **8**, 84-89.
辰野千寿　1994　学習心理学　教育出版
辰野千寿・高野清純・加藤隆勝・福沢周亮(編)　1986　多項目教育心理学辞典　教育出版
Washburne, C.　1931　Mental age and the arithmetic curriculum: A summary of the committee of seven grade placement investigations to date. *Journal of Educational Psychology*, **23**, 210-231.
ヴィゴツキー　柴田義松訳　1962　思考と言語(上・下)　明治図書
ヴェルトハイマー, M.　船津孝行訳　1971　心理学史　誠信書房
山本義博　2001　小学校理科における児童の素朴概念の変換を促す学習指導に関する研究―教師や児童の素朴概念の実態を通して―　平成12年度鳴門教育大学修士論文（未公刊）

第6章

認知発達

第1節 知覚の発達

1.1 視覚の発達と測定の方法

　A君　「乳児は，以前考えられていたよりも，優れた知覚能力があると考えられていますね。最近の研究では，胎児期において，すでに感覚器官がかなり発達していると言われているようですが……。」

　先生　「そのとおり。最近では，胎児期からさまざまな知覚能力をもって生まれてくることがわかってきています。特に聴覚は早くから発達しており，視覚についても妊娠7ヶ月頃には光刺激を受容できると考えられています。」

　A君　「ただ，新生児は，まだ水晶体の厚みを調節する能力が弱く，つまりピントが合わせにくく，私たちがものを見るときのように鮮明には見えないんですね。」

　先生　「生まれたばかりの新生児の視力は0.02～0.05くらいなんですよ。乳児の視力は生後6ヶ月くらいにかけて，急速に発達すると考えられていますが，それでも大人の0.1～0.2くらいの視力です。」

　A君　「大人と同じ視力になるのはいつ頃なのでしょうか？」

　先生　「だいたい3～5歳くらいですね。これまで視覚の発達については，新生児を含む乳児を対象に多くの研究がなされています。ここでは実験を紹介しながら，知覚の中でも視覚の発達に焦点を当ててみていきましょう。まずは，乳児の視覚を測る方法についてです。

(1) 選好注視法

A君　「乳児の視覚を調べる実験といっても，乳児の行動は限られていますし，何よりも自分が思っていることを言葉で伝えられない乳児の知覚を調べたり，測定したりするのは難しいことなんではないですか？」

先生　「でも，言葉で報告できない代わりに，これまでさまざまな巧妙な手続きがたくさん考えられてきたんです。」

A君　「視覚の実験というと，ファンツ（Fantz, 1961）の選好注視法は有名ですね。」

先生　「選好注視法は，たとえば実験者が乳児に対して同時に2つの刺激を示して，乳児がそれぞれどのくらいの時間注視するかを測るんですね。もし乳児が同じ時間，各刺激を見ていたとしたら，それらの弁別はできていないということになりますね。ファンツが初期の研究で行った実験風景を見てみましょう（図6-1）。この装置にはのぞき穴が作ってあって，実験者は乳児の目に映された刺激を見ることができるようになっています。その際に使った刺激は図6-2のようなものです。最近では，ビデオカメラを使うことが多くなり，乳児がどの刺激を長く注視するか，さらに刺激のどの部分を見ているのかということも調べられるようになっています。その後もファンツは乳児の視覚研究を多く

図6-1　選好注視法　初期の実験機器　　　図6-2　選好注視法の刺激と注視時間（Fantz, 1961）

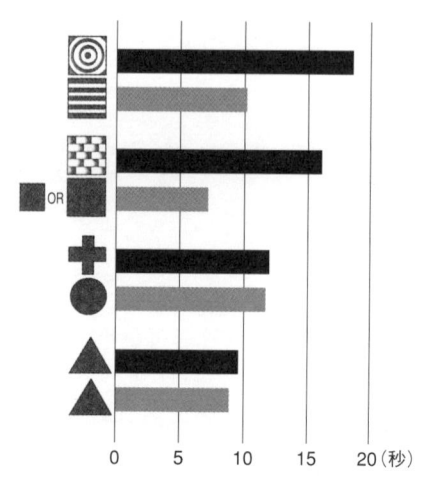

行っていますが，これら一連の研究は，乳児の顔認識研究にもつながるものととらえられていきました。」

(2) 馴化・脱馴化
　先生　「次に，馴化の実験について説明しましょう。たとえば，乳児に刺激図Aを見せたとします。乳児はそれをしばらく見ているでしょうが，だんだんその刺激への興味はなくなってくることでしょう。このように，同じ刺激の提示を繰り返すと，その刺激を注視する反応が低下してきて，やがて注視しなくなることを馴化と言います。そして，今度は新しい刺激図Bを提示すると，再び新たな刺激を注視するという反応回復を示すようになり，このことを脱馴化と言います。」
　A君　「もし，刺激図Bを見せて注視しなかったら，それはAとBの弁別ができていないということですか？」
　先生　「そういうことになりますね。」
　A君　「先ほどの選好注視法とどう違うのですか？」
　先生　「この方法では，特定の刺激への好みにかかわらず，乳児の見慣れた刺激より，新奇な刺激を好むという特性を利用しています。乳児が2つの刺激を弁別するためには，刺激にどの位の差があればいいのかということを調べるのに有効だと考えられます。」

1.2　視覚走査
　A君　「乳児はたしかに驚くべき視覚能力をもっているわけですが，具体的にはどのように活動し，周りの世界を知っていくのでしょうか？」
　先生　「物体をとらえようとするとき，その対象のすべてに注意を向けているわけではありません。その部分を選択的に見ることで，対象をとらえているんですね。私たち大人は，図形を見るとき，通常その図形の全体的特徴をつかもうとしますが，乳児はまだ効果的にそれをすることができません。対象を探索する動きを視覚走査とか，知覚的探索と言います。サラパテック(Salapatek, 1975)は，1ヶ月児の乳児が，ある部分に集中した視覚走査しかできないことを明らかにしました（図6-3）。しかし，2ヶ月児にもなると，その図形全体の

図6-3　1ヶ月児と2ヶ月児の視覚走査
(Salapatek, 1975)

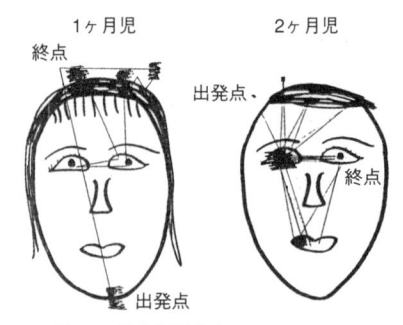

図6-4　顔の視覚走査（Salapatek, 1975）

特徴が把握できるような走査が見られるとしています。新生児は，図形の全体を走査するのではなく，三角の角の部分など輪郭の濃いものとか，明暗の対比のはっきりしたものをよく注視すると考えられているんですよ。」

　A君　「顔についての視覚走査はどうですか？」

　先生　「1ヶ月児では，まだ髪の毛やあごなど，顔の周辺に注目することが多いのですが，2ヶ月児になると，人の顔の基本的な特徴はつかむことができると考えられており，目や口など顔としての情報をもつ部分をよく注視するようになります（Salapatek, 1975：図6-4）。」

　A君　「なるほど。乳児は人の顔に注目するけれども，注視する部分については，発達的な差異が見られるんですね。」

　先生　「加齢によって走査の範囲が広くなるのとともに，走査の仕方がより体系的になるんですよ。そして，就学前から児童期になると，自分が何を見たいのか，その目的によって知覚はより早く，そして正確になると考えられています。」

1.3　パターン認知と顔の認知

　先生　「先に述べたファンツの選好注視法の結果から，乳児は複雑な図形を好む傾向にあることがわかっています。たとえば，図6-5からわかるように，無地の色板よりは，ストライプの円であるとか，チェッカー盤の柄などの方を

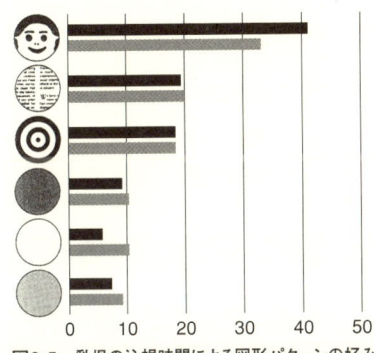

図6-5 乳児の注視時間による図形パターンの好み
(Fantz, 1961) 黒は生後2, 3ヶ月　グレーは生後3ヶ月以降

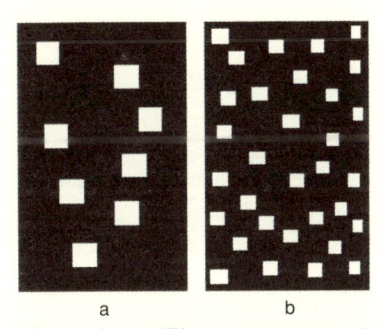

図6-6 パターン認知 (Fantz & Fagan, 1975)

好みます（Fantz, 1961）。また，ファンツとフェイガン（Fantz & Fagan, 1975）は，1ヶ月児と2ヶ月児に図6-6のような，2つの刺激を提示したところ，1ヶ月児は，白のドットが少なく複雑でない左の図（a），2ヶ月児ではよりドットが多い右側の図（b）を長い時間注視したということを明らかにしています。」

　A君　「乳児はより複雑な刺激を好む傾向にあると言われますね。」

　先生　「確かに，無地より模様のあるもの，色のないものより色のあるもの，直線より曲線など，単純なものより複雑なものを好む傾向にあると考えられていますが，必ずしもそうではなく，もっともよく注視するパターンの複雑さのレベルは，月齢とともに変化すると考えられています（高橋, 1990）。」

　A君　「先生，乳児はいつから顔を認識したり，弁別したりできるのですか？　先ほどのファンツの実験では，人の顔を注視しやすいという結果が示されていましたが，ほんとうに乳児は人の顔が好きなのか，それとも人の顔が複雑だから注視するのでしょうか？」

　先生　「マウラーとバレーラ（Maurer & Barrera, 1981）は，1ヶ月児と2ヶ月児に3つの顔の刺激図を提示しました（図6-7）。1つは顔のパーツが整った通常の顔ですが，もう2つは同じ顔のパーツを使った左右対称の顔と左右対称で

図6-7 顔の認知 (Maurer & Barrera, 1981)

はない顔です。1ヶ月児についてはそれらの刺激を見る時間に差は見られなかったのですが，2ヶ月児は通常の顔をより長く見たということです。つまり，このことから2ヶ月児は複雑な物を好むということではなく，均整のとれた顔を好むことが示されました。シミオンら（Simion *et al.*, 2001）によると，顔の上部により多くの要素があり，上部が目立つ左側の刺激を乳児が好む傾向にあると考えられています（図6-8）。」

A君　「なるほど。乳児が人の顔をもともと好む傾向にあるのか，または単に刺激の上部に目立つ要素の多くあるものを好む傾向にあるのか，乳児が顔を好む理由ははっきりと結論づけられていないのですね。」

先生　「しかし，乳児は私たちが考えるよりも顔を認識できるスキルがあって，早く顔を認知することができるのはたしかなようです。」

図6-8　顔の認知実験（Simion *et al.*, 2001）

1.4　大きさの恒常性

先生　「私達が対象を見るとき，対象までの距離が変化しても，その見えの大きさ自体は，ほぼ一定でしたね。このことを大きさの恒常性と呼びました。」

A君　「大きさの恒常性は，網膜像の大きさや，対象までの距離の見積もりによって成立するんですね。乳児は，大人と同じように誕生時から大きさの恒常性をもっているのでしょうか？」

先生　「これまでは，生後6～8週間になると，大きさの恒常性が見られる

ことが確認されています。最近では，スレイターら（Slater *et al.*, 1990）が，これまでの結果より随分早い生後2日ほどで，大きさの恒常性が確認できることを示しています。実験の手続きですが，まず新生児に6度同じ大きさの立方体をそれぞれ乳児から異なった距離において提示しました。こうやって，この立方体に慣れさせたうえで，スレイターらは2つの立方体，1つは慣れさせておいたオリジナルの立方体，もう1つは異なったサイズの立方体を対提示しました。2つの立方体は，新生児の網膜像に同じ大きさに映るように設定されました。この結果，スレイターらは，新生児が異なったサイズの新奇な立方体を長く見ていたことを明らかにしています。このことから，網膜像には同じ大きさに映っているけれども，2つの立方体を弁別できることを示したと考えられます。」

　A君　「つまり，スレイターらは，生後2日目の新生児であっても，網膜上の大きさにかかわらず，実際の大きさが知覚できる，つまり大きさの恒常性が確認できたと考えたんですね。」

第2節　記　憶

2.1　記銘方略の発達―どうやって覚えるのか―
(1) リハーサル

　A君　「私たちは何かを記憶しなければならないとき，いろいろな記銘方略を使いますね。テスト勉強をするときに，声に出して覚えたり，覚えるべき内容をまとめなおしたり，語呂合わせなどの意味づけをしたりなど，記銘すべき内容によって使い分けていますが，このような方略は子どもたちも使っているのでしょうか。」

　先生　「では，A君が今言ったさまざまな記銘方略について，どのような発達が見られるかみていきましょう。まず，日常生活において，一番身近な方略であるリハーサルからです。」

　A君　「声に出したり，心の中で復唱して，記銘すべき内容を保持しようとする方略ですね。」

　先生　「この方略については，フラベルら（Flavell *et al.*, 1966）が，5歳児，

7歳児，10歳児各20名ずつを対象に，提示した7枚の絵のうち，3枚が覚えていられるかどうかを実験により確認しています。そして，15秒後に再生するまでに，子どもたちの唇の動きを読むことで，リハーサルを行うかどうかを調べました。この結果，年齢とともにリハーサルの量が増加したという結果が見られ，5歳児では20名中2人，7歳児では半数，10歳児には8割を超える子どもが自発的にリハーサルを行って記憶を維持しようとしたということなんです。また，リハーサルをした子どもの方が再生率が高かったということです。」

A君　「リハーサルには，ただ単に覚えるべき内容を単純に繰り返す維持リハーサルと，意味づけながら，リハーサルを行う精緻化リハーサルがありましたね。この実験では，加齢によって，リハーサルが増えるという結果が見られたということですが，リハーサルの仕方にも発達的変化が見られるのですか？」

先生　「その質問については，オースタインら（Orstein *et al.*, 1975）の研究で説明しましょう。この実験では，先ほどのように，リハーサルの回数，つまり量だけではなく，どのようにリハーサルをしたか，実際に口頭で回答させて，その内容も調べているんです。具体的には，3年生，6年生，8年生を対象に実験を行っているのですが，リハーサルの量的なものについてはそれほど差が見られなかったのに対し，その内容つまり，質的なものについては3年生と6, 8年生の間には差が見られたということなんです。」

A君　「つまり，加齢にともなって，リハーサルの量そのものだけでなく，質もより高度になり，記憶量が増えるということにつながるんですね。」

(2) 体制化

先生　「では，次に体制化についてみていきましょう。」

A君　「体制化は，記銘すべき内容を項目間の意味関係によってまとめなおしたり，体系化したりして，覚えやすくするという記銘方略ですね。」

先生　「これについても，一般的には，加齢とともに体制化の程度は高まり，記憶量は増えると考えられています。ニーマークら（Neimark *et al.*, 1971）の研究では，2年生以外の小学1～6年生と大学生を被験者としていますが，加

齢とともに想起する量が増加し、体制化の使用が増加するということを明らかにしています。」

A君　「子どもたちは体制化が記憶の保持に有効であることを、いつ頃気づくようになるのですか？」

先生　「子どもが、提示された刺激をまとめ直すなどの有効性に気づくのは、10歳くらいからだと考えられています。児童期の子どもは、年齢が上がるにつれて、すでにもっている知識を利用して記憶すべき項目をまとめる方略を使用し、それにともない想起量も増加するんですね。」

(3) 精緻化

A君　「精緻化というのは、記銘すべき内容と何かを関連づけて覚えるなどして、より有意味にすることで覚えやすくするという方略でしたね。」

先生　「ビューリングとキー（Beuhring & Kee, 1987）は、10～11歳の児童と16～18歳の青年を対象に、精緻化行動の比較を行っています。具体的には36対からなる名詞について対連合学習（2つの項目を対にして記銘させる）を行うのですが、児童と青年の記銘の仕方を比較すると、青年はただ単に復唱するリハーサルよりも、精緻化の方をよく行う傾向にあったということです。また、フォーリーら（Foley et al., 1993）は、6歳児と9歳児に、たとえばant（アリ）とかcomb（くし）の単語対を覚えさせたところ、ただant, ant, comb, comb…のように機械的に記銘した者よりも、黒い大きなアリがくしを使って髪をとかすなどとイメージした者の方が成績がよかったということです。」

A君　「記銘方略によって、使用を始める年齢は異なっているわけですね。それに、その方略を単に使うというより、どれだけ有効にその方略を使うかが問題なんですね。」

先生　「そうですね。リハーサルは、幼児期の段階でも見られますし、体制化は6，7歳から、精緻化は一番遅く、児童期後期位から見られると考えられています。自発的にその方略を使用するかどうかということが大切で、訓練することによってこれらの方略を使用することができると考えられています。課題によってどんな方略が有効だと考えるのか、その柔軟性は次のメタ記憶とも関連します。また年齢とともに、一般的知識が増えることが、記憶を助けると

も考えられています。」

(4) メタ記憶

A君　「記憶の仕組みは，幼い子どもであっても，大人とはそう大きく異ならないということなんですね。でも，たとえば幼児期の子どもに買い物を頼む場合に，忘れないように何度言ってもなかなか言ったとおりに買い物ができないことがありますよね。それは大人の記憶システムとはどこが違うからなのでしょうか？」

先生　「たしかに，幼児でもあっても成人であっても，記憶システムそのものは変わりないのですが，幼児の場合，提示されたものをどのように覚え，どう維持するのかということ，つまりメタ記憶に乏しいのではないかと考えられます。」

A君　「私たち大人であれば，どのような方略なら記憶がうまく保持できるかが，おおよそ把握できるように思いますね。」

先生　「A君が言っていたように，私たちが正しく多くのことを記憶しようとするのであれば，リハーサル，体制化，精緻化などの記銘方略が必要になりますね。スミルノフ（1980）によると，おおよそ5～6歳になると，与えられた刺激を意図的に覚えようとする傾向が見られるようになるということです。そのために，どうやったら覚えられるかという手段を考えるようになります。このメタ記憶は児童期に伸びると考えられています。クロイツァーら（Kreutzer et al., 1975）は，5，6，8，10歳の子どもに，"学校にスケート靴をもって行くのを忘れないようにするにはどうすればよいか"とたずねたところ，"ほかの持ち物とくっつけておく"，"メモに書いておく"，"自分の記憶のみに頼る"などいろいろな方略が出てきたのですが，年齢が上がるにつれて，より多くの方略を挙げることができたということです。このように，記憶容量や記憶過程についての認識は，ゆるやかに発達すると考えられています。」

A君　「ところで，私たち大人の短期記憶の容量は7±2の範囲と言いますが，それに至るまでにはどんな発達過程をたどりますか？」

先生　「幼児期には，年齢から1を引いたくらいの個数，児童期の間には4～6個に伸びると考えられています。」

A君　「中学生になる頃には，大人に近い記憶量になってくるのですね。そして，これを最大に活用するには，メタ記憶や有効な方略を使用することが必要なんですね。」

第3節　ピアジェの認知発達

先生　「ピアジェ（Piaget, J.）の認知発達段階は，これまで子どもの思考の発達をとらえたものとして，よく知られてきました。しかし，1970年代以降，ピアジェの理論は広範囲の評価を受けるようになったんです。ピアジェが1920年代に実験や観察を行った当初は，彼の成果を否定する者は誰もいませんでしたが，徐々に彼の実験や解釈への批判がされ始めたんですね。また，成功よりも失敗を強調しすぎるということや，子どもたちの能力を過小評価しているなどの批判もされました。ここでは，ピアジェの理論をふりかえりながら，それらについての詳細をみていきましょう。」（ピアジェの認知発達段階の詳細については，「対話で学ぶ発達心理学」を参照）

A君　「まず，0〜2歳くらいまでが感覚運動期ですね。感覚とさまざまな動作や運動を組み合わせることで外界に適応していく時期です。赤ちゃんの感覚運動は，赤ちゃんが自分の周りの世界を知るということで重要な意味があるんですね。自分の見える範囲からなくなってしまっても，存在し続けているという対象の永続性は，生後8ヶ月くらいから獲得できるとされていましたね。」

先生　「ピアジェは，赤ちゃんが環境と相互作用を行うための多くの手段をもって生まれてくると指摘しました。ピアジェは感覚運動期をさらに6つの発達段階に分類しています。対象の永続性について，最近の研究では3ヶ月で対象永続性が獲得できることが示されており（Baillargeon & Devos,1991），ピアジェの仮説より，随分早い段階で対象の永続性が見られるとしています。」

A君　「さらに，ピアジェは，延滞模倣，つまりモデルの行動を見て，そのモデルがいなくなっても一定の時間をおいてから模倣することは，感覚運動期の終わり頃から次の発達段階である前操作期にかけて見られるとしていましたね。」

先生　「メルツォフとムーア（Meltzoff & Moore, 1977）は，生後12〜21

日で模倣が見られることを確認していますが，同じくメルツォフら（1994）によると，生後6週間の乳児がすでに，前日に見た舌を出した大人のモデルをまねて，舌を出す行動を模倣するという，延滞模倣を示したということなんですね。」

A君　「ピアジェは，2歳〜3歳にかけて延滞模倣が見られることを明らかにしていましたが，実際には随分早い時期に見られるのですね。」

先生　「一般的には，1歳半頃から出現すると考えられています。次に，前操作期についての特徴はどうでしたか？」

A君　「前操作期は，前概念的思考期（2〜4歳）と直観的思考期（4歳〜6，7歳）に分かれましたね。前概念的思考期は，象徴機能が見られる，つまり目の前にない事物や事象でも，記号などによって認識できるようになる時期ですが，まだ上位概念と下位概念の関係がとらえにくく，物事を分類するとか，関連づける等は難しいという特徴があります。直観的思考期は，見た目に左右されて判断してしまう自己中心性の傾向にあると考えられている時期です。ピアジェは，見た目や配置などが変わっても，そのものの性質は変わらないという保存課題についても，前操作期の子どもには，まだ正答できないことを明らかにしたんですね。」

先生　「たしかに，ピアジェは，前操作期の子どもたちは，まだ論理的な思考ができないために，保存課題に正答することは難しいと考えました。しかし，課題の出し方，つまり，適切なワーディング（言葉の言い回し），実験内容，教示の仕方によっては，ピアジェが考えているよりも早い時期に保存概念の獲得が確認できるのではないかと考えられています。」

A君　「それから，この時期の自己中心性を考える際の課題として，自分と違う位置にいる友達にはどんな景色が見えているかを推測する三つ山問題は有名ですね。ピアジェによると，8〜10歳頃になるまで自分の立場，視点からしか物事をとらえることができず，人形など，他の視点から物事を見ることは難しいと考えられていましたね。」

先生　「これについて反論する，ボーク（Borke, 1975）の実験があります。ボークは，ピアジェの三つ山問題について，問題内容に対する疑問を投げかけたんですね。つまり，自分と異なった方向にいる人が山をどう見ているかを推

測すること自体，子どもにとってあまり面白いことではないし，この課題への動機づけに欠けると指摘しました。そして，実験の手続きの1つとして，景色の映った写真を選ばせるという方法を採用していますが，この方法は子どもにとって難しいのではないか，課題が子どもにとって日常的でないのではないかということを示したんです。ボークは，これらの問題を解決するために，3歳児8名，4歳児14名に対し，実験を新たに試みました。これが，図6-9です。」

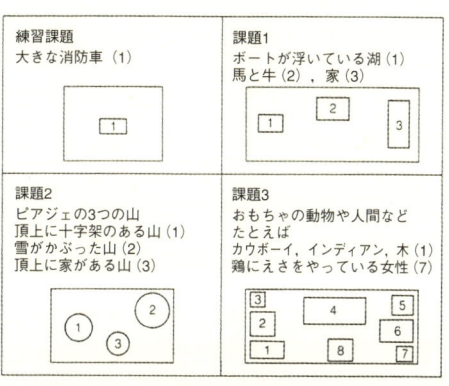

図6-9　三つ山問題の反証実験（Borke, 1975）

A君「この課題は，ピアジェの課題に比べて，子どもにとっては日常的ですね。」

先生「ピアジェが用いた人形の代わりに，子どもが好きなセサミストリートの人形を使い，また実験用具としても，おもちゃや動物など，子どもにとってより日常的なものを使ったんです。子どもたちには，セサミストリートの人形をいくつかの場所に置き，その人形からどんな景色が見えているかについて回転板を回転させるという方法で回答させました。この結果，課題1に正答できたのは，3，4歳児ともに8割ほど，課題3は3歳児で79％，4歳児で93％，ピアジェと同じ山の課題（課題2）では，3歳児で42％，4歳児で67％という正答率でした。このことから，課題の内容によっては，ピアジェよりも早い時期に，他者の視点から物事を見ることが可能であることが示されたんです。」

A君「なるほど。手続きや内容でこれほど結果が異なるんですね。」

先生「具体的操作期，形式的操作期についてはどんな特徴がありましたか？」

A君「具体的操作期は，具体的に確かめられる事物であれば，見た目に左右されることなく論理的に判断される時期で，保存課題も具体的な課題についてであれば正答できるということでしたね。数の保存は5，6歳頃，重さの保

存は7，8歳頃に理解できるようになると考えられています。また，分類をすることや概念の体系化など，前操作期では難しかったことができるようになります。形式的操作期は，論理的な思考が可能になったり，抽象的な概念や言葉が理解できるようになる時期と考えられていますね。」

先生　「具体的操作期の方は，ピアジェが設定した時期よりも，もう少し早く見られるのではないかとされていますし，形式的操作期については，逆にもう少しゆるやかで，実験の性質やある領域に限られるのではないかと考えられています。」

第4節　心の理論―自分や他者の心を推論する能力の発達―

先生　「ピアジェの理論は，子どもの認知発達を理解する上で大切なわけですが，物や事についての理解だけでなく，他人の心の理解や行動の予測の問題もまた認知発達研究の重要な研究テーマとして認識されてきました（子安，2000）。」

A君　「心の理解というと，心の理論が有名ですね。自分や他者の心，つまり相手の人がどのように感じたり，推測できるかなど，心の働きの理解について言うんですよね。私たちには，これまで乳児においてもさまざまな驚くべき認知能力が備わっていることを学んできましたが，この心の理論というものは，私たちが人とうまくやっていくうえでとても大切な能力ですね。」

先生　「ええ，そのとおりですね。もともとは，チンパンジー同士のえさをめぐるあざむき行動の観察から定義されたものなんですよ。心の理論は，人間を含む動物が，自分や他者の心を理解しているとき，心の理論をもつと考えることができます。」

A君　「人間の場合は，大体いつ頃から心の理論が備わっているんですか？」

先生　「それでは，心の理論の発達について，実際にこれまで行われた実験を紹介しながら，考えていきましょう。心の理論を獲得しているかどうかを調べるのに，誤信念課題がこれまで使われてきたのですが，それらには一次的信念の課題と，二次的信念の課題という2つの課題があります。まず，一次的信

念課題とは，"Aさんは〜と考えていると（誤って）信じている"ということが理解できるかを調べるもので，いくつかの実験が考案されてきました。では，A君，たとえば以下の課題の答えはどうなりますか？」

　　サリーとアンの課題（Baron-Cohen *et al.*, 1985）
　　子どもは2つの人形，かごをもったサリーと箱をもったアンが提示される。サリーがいない間に，アンはサリーのかごからビー玉を取り出し，自分の箱の中に入れる。サリーは戻って来て，ビー玉を探そうとする。子どもたちは「サリーは，どこにビー玉があると思うか」をたずねられる。

　A君　「サリーは，かごにビー玉を入れて外に出て行ったわけですから，かごが答えです。」
　先生　「そうですね。この実験では，3歳児くらいだと箱の中にビー玉が入っていると考えてしまうんですよ。」
　A君　「つまり，この課題では，アンが箱に隠したということを知らない子どもの立場に立って，サリーはビー玉がどこにあると考えるかを推測させるということですね。3歳くらいの子どもであれば，友達の立場で推測するのが難しく，誤って箱の中に入っていると答えてしまうわけですか。」
　先生　「このような課題については，4歳以降になると，正答できるようになると考えられています。次に，二次的信念課題ですが，この課題については，"Aさんは〜と思っていると，Bさんが（誤って）信じている"という関係が理解できるかどうかを調べるもので，7〜10歳までの小学生を対象にパーナーとウィマー（Perner & Wimmer, 1985）が実験を行っています。では，その実験について説明しましょう。A君，ジョンとメアリー課題の答を考えてみてください。」

　　ジョンとメアリー課題（Perner & Wimmer, 1985を一部改変）
　　ジョンとメアリーは公園で遊んでいます。彼らは，公園にいるアイスクリーム売りの人を見ます。メアリーはアイスクリームを買いたいと思います。しかし，メアリーは，お金をもっていませんでした。だから，彼

女は家にお金を取りに戻ります。ジョンも，昼食のために家に戻ります。アイスクリーム屋さんは，公園を去り，教会へ向かいます。メアリーは，お金をもって公園に戻る途中に，アイスクリーム屋さんが教会に向かうのを見かけます。彼女はアイスクリーム屋さんがどこへ行くかたずね，アイスクリームを買うため教会について行くと言います。ジョンは，昼食を終えて，メアリーの家へ行きました。彼がメアリーの家に着いたとき，メアリーのお母さんがメアリーはアイスクリームを買いに行ったと言います。ジョンはメアリーを探すため，家を離れます。さて，ジョンはメアリーがどこにアイスクリームを買いに行ったと思うでしょうか。

A君　「ジョンは，アイスクリーム屋さんが教会に移ったことを知らないので，公園に行きますよね。先ほどの課題より少し複雑になりますね。この課題になると，何歳くらいから正答するのですか？」

先生　「10歳児だと，だいたいの子どもが正答するのですが，9歳児では半数くらい，8歳児では4割くらい，7歳児では2割に満たなかったという結果が得られています。正答できない子どもは，"教会"と答えてしまうんです。」

A君　「ということは，課題によって異なるけれども，4歳頃から心の理論は見られるようになり，児童期後半になると，かなり心の理解が進むと考えてよいのでしょうか。」

先生　「そうですね。最近の研究では，質問の仕方によっては，3歳くらいから心の理論が見られるという意見もありますが，一般的には4歳くらいから出現すると考えられています。ただ，このような課題ができるからといって，必ずしも人の心がすべて推測できると言えるわけではないんです。それと，もう1つ補足しておくべき点があるのですが，心の理論は，自閉症児を理解するうえで重要な意味があると考えられています。」

A君　「そういえば，自閉症児は健常児と比べて，他者の心を推測するのがとても苦手だと聞いたことがありますね。」

先生　「バロン-コーエンら（Baron-Cohen *et al.*, 1985）は，精神年齢が4歳以上の自閉症児と4歳の健常児，精神年齢が4歳以上のダウン症児を対象に，先ほどのサリーとアンの実験を行っています。この結果，8割以上の健常児と

第4節　心の理論―自分や他者の心を推論する能力の発達―

ダウン症児がこの課題を解けたのですが，自閉症児は2割しか解けなかったということです。図6-10を見てください。3種類の4コマ漫画がありますが，バロン - コーエンら（1986）は，自閉症児を対象に，これらを提示し，正しく配列し直し，話の中で何が起こっているのかを説明させるという実験を行いました（1枚目は提示してあり，残り3枚を並び替える）。1つ目は，機械的課題で，直接的な登場人物は出てきません。2つ目は，行動的課題で，人は登場するものの，人が何を考えているのかという理解までは必要ありません。3つ目は，意図的課題で，図に登場する人物についての信念の理解が必要となる課題です。この結果，自閉症の子どもは，上の2つの課題については，図の並び替えも，話の内容も述べることができました。しかし，登場人物の誤った信念の理解が必要となる意図的課題については，並び替えも話の内容も理解できなかったという結果が示されています。これらのことからも，自閉症児が心の理論について，困難を示すことがわかります。自閉症と心の理論の関係を含め，今後も心の理論の解明が行われるでしょう。」

機械的課題

行動的課題

意図的課題

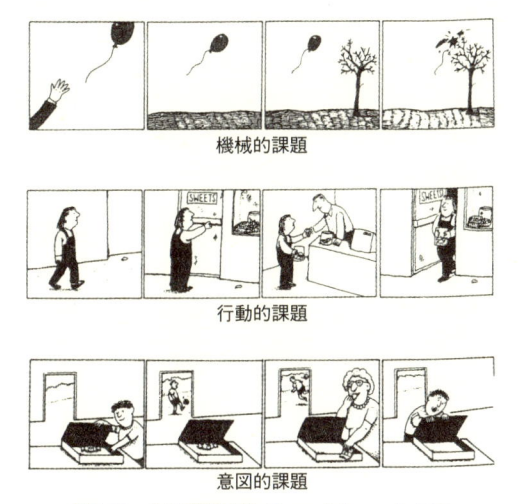

図6-10　心の理論実験（Baron-Cohen *et al.*, 1986）

第6章のキーワード

選好注視法，馴化，脱馴化，視覚走査，パターン認知，奥行き知覚，大きさの恒常性，視覚的断崖，記憶，記銘方略，リハーサル，体制化，精緻化，メタ記憶，ピアジェ，認知発達，感覚運動期，前操作期，前概念的思考期，直観的思考期，具体的操作期，形式的操作期，延滞模倣，対象の永続性，保存，自己中心性，心の理論，誤信念課題

【参考文献】

Baillargeon, R., & Devos, J. 1991 Object permanence in young infants: further evidence. *Child Development*, **62**, 1227-1246.

Baron-Cohen, S., Leslie, A., & Frith, U. 1985 Does the autistic child have a "theory of mind"? *Cognition*, **21**, 37-46.

Baron-Cohen, S., Leslie, A., & Frith, U. 1986 Mechanical, behavioral and intentinal understanding of picture stories in autistic children. *British Journal of Developmental Psychology*, **4**, 113-125.

Beuhring, T., & Kee, D.W. 1987 Developmental relationships among metamemory, elaborative strategy use, and associative memory. *Journal of Experimental Child Psychology*, **44**, 377-400.

Borke, H. 1975 Piaget's mountains revisited: Changes in the egocentric landscape. *Developmental Psychology*, **11**, 240-243.

Fantz, R.L 1961 The origin of form perception. *Scientific American*, **204**, 66-72.

Fantz, R.L., & Fagan, J.F. 1975 Visual attention to size and number of patterns details by term and pre-term infants during the first six months. *Child Development*, **46**, 3-18.

Flavell, J.H., Beach, D.R., & Chinsky, J.M. 1966 Spontaneous verbal rehearsal in a memory task as a function of age. *Child Development*, **37**, 283-299.

Foley, M.A., Wilder, A., McCall, R., & Van Vorst, R. 1993 The consequences for recall of children's ability to generate interactive imagery in the absence of external supports. *Journal of Experimental Psychology*, **56**, 173-200.

子安増生 2000 心の理論 心を読む心の科学 岩波書店

Kreutzer, M.A., Leonard, C., & Flavell, J.H. 1975 An interview study of children's knowledge about memory. *Monographs of the Society for Research in Child Development*, **40**, 1-58.

Maurer, D., & Barrera, M. 1981 Infants' perceptions of natural and distorted arrangements of a schematic face. *Child Development*, **52**, 196-202.

Meltzoff, A., & Moore, M.K. 1977 Imitation of facial and manual gestures by human neonates. *Science*, **198**, 75-78.

Meltzoff, A., & Moore, M.K. 1994 Imitation, memory, and the representation of persons. *Infant Behavior and Development*, **17**, 83-89.

Neimark, E., Slotnick, N.S., & Ulrich, T. 1971 The development of memorization strategies. *Developmental Psychology*, **5**, 427-432.

Orstein, P.A., Naus, M.J., & Liberty, C. 1975 Rehearsal and organizational processes in children's memory. *Child Development*, **46**, 818-830.

Perner, J., & Wimmer, H. 1985 'John thinks that Mary thinks that...': attribution of second order beliefs by 5-10 year old children. *Journal of Experimental Child Psychology*, **39**, 37-471.

Salapatek, P. 1975 *Infant perception from sensation to cognition, Vol.1.* New York: Academic Press.

塩見邦雄(編) 2004 対話で学ぶ発達心理学 ナカニシヤ出版

Simion, F., Cassia, V.M., Turati, C., & Valenza, E. 2001 The origins of face perception: specific versus non-specific mechanisms. *Infant and Child Development*, **10**, 59-65.

Slater, A.M., Mattock, A., & Brown, E. 1990 Newborn infants' responses to retinal and real size. *Journal of Experimental Psychology*, **49**, 314-322.

スミルノフ, A.A. 市来 努訳 1980 子どもの思考と記憶 明治図書

Smith, P.K., Cowle, H., & Blades, M. 2003 *Understanding Children's Development.* 4th ed. Blackwell.

高橋道子 1990 乳児の認知と社会化 無藤 隆・高橋恵子・田島信元(編) 発達心理学Ⅰ 乳児・幼児・児童 東大出版会 pp.36-60.

索　引

あ
R型条件づけ　149
アイコニック・メモリ　99
アクション・スリップ　139
アトキンソン　153
アルファ運動　70
イースターブルック仮説　141
e-learning　17
維持リハーサル　168
一次的信念の課題　174
一対比較法　34
遺伝と環境　144
意味記憶　107
因果知覚　28
氏か育ちか　144
運動視差　55
運動の知覚　66
エコーイック・メモリ　99
S型条件づけ　149
エピソード記憶　108
延滞模倣　171
大きさの恒常性　166
教えること　143
音声認識　84

か
概日周期　27
概念変化　13
顔の認知　76
学習　141
　——意欲　157
　——科学　17
　——過程　148
　——心理学　143
　——理論　148
覚醒　126
カクテルパーティ現象　128
仮現運動　68
重なり図形　58
仮説実験授業　154
画像認識　84
構え　39
感覚　25
　——運動期　171
　——記憶　97
干渉　113
完全習得学習　157
ガンマ運動　70
記憶　4, 87
　——術　118
　——容量　103
幾何学的錯視図形　61
逆向性健忘　121
逆向抑制　114
教育工学　147
強化　150
教授　143
　——過程　148
協調学習　14
極限法　32
近接性の原理　46
具体的操作期　173
群化の法則　45
形式的操作期　174
系列位置曲線　110
系列的処理　132
ケーラー　152
結合錯誤　133
結合探索　132
顕在記憶　111

検索　91
　——失敗説　114
減衰　113
　——説（注意）　128
恒常法　32
行動主義　1, 145
行動理論　149
誤概念　156
心の理論　11, 154, 174
古典的条件づけ　149

さ

作業記憶　153
作業空間　101
錯視　60
錯覚　60
サラパテック　163
CSCL　18, 148
シーグラー　10
視覚走査　163
視覚的探索　131
視覚的マーキング　141
時間の弁別性理論　110
時空相対　74
刺激　149
自己学習力　158
自己教育力　158
自己中心性　172
自然言語処理　84
時程　72
自伝的記憶　122
シフリン　153
社会構成主義　154
社会的知覚　75
社会的認知　75
集中的注意　135
主観的等価値（PSE）　31
主観的輪郭線　49
授業　143
　——のシステム化　147
受容器　25
馴化　163
順向抑制　114
状況論　16
状態依存記憶　97

情報処理モデル　2
情報処理理論　149, 152
初頭効果　109
処理リソース　127
新近性効果　109
人工知能　83
新ピアジェ派　10
ズームレンズメタファ　130
スキナー　149
スティーヴンスの法則　26
図と地　36
スポットライトメタファ　129
スレイター　167
精神物理学的方法　30, 31
生態的妥当性　15
精緻化　91, 169
精緻化リハーサル　168
生物学的運動知覚　67
節約法　89
前概念的思考期　172
宣言的記憶　107
先行オーガナイザー　157
前向性健忘症　93
選好注視法　162
潜在記憶　111
前操作期　172
選択的注意　126
前注意過程　135
ソーンダイク　149
素朴概念　11
素朴心理学　154
素朴理論　11, 154

た

対象の永続性　171
体制化　168
多重リソースモデル　138
脱馴化　163
単一リソースモデル　138
短期記憶　98, 153
知覚　25, 27
　——的探索　163
知識獲得　12
チャンキング　105
チャンク　104

索　引　**183**

注意　37, 125
注意の捕捉　134
聴覚的注意　127
長期記憶　97, 153
調整法　31
丁度可知差異　31
調和の原理　48
貯蔵　91
直観的思考期　172
追唱(シャドーイング)　127
ティーチング・マシン　152
データマイニング　85
手続き的記憶　107
デルブーフ錯視(同心円錯視)　62
展望的記憶　122
動機づけ　157
道具的条件づけ　149
特徴探索　131
特徴統合理論　133
トップ・ダウン処理　3

な
二次的信念の課題　174
二重課題　137
日常認知　15
認知　1, 25, 29
　——科学　16
　——神経心理学　17
　——心理学　1
　——地図　122
　——発達段階　171
　——理論　152

は
バーチャル　79
　——リアリティ　79
場所法　118
発見学習　153
発生的認識論　9
発達の最近接領域　146
パブロフ　149
反応　149
ピアジェ　9, 156, 171
ビゴツキー　146
ビジランス　125

評定尺度法　34
ファンツ　162
フィルター説　127
フェヒナーの法則　26
輻輳運動　54
輻輳説　145
符合化　91
　——特定性原理　96
不思議な数7プラスマイナス2　104
ブラウン　20
フラッシュ・バルブ・メモリ　115
ブレイクスルー　128
分割的注意　126
文脈依存記憶　97
閉合性の原理　47
並列的処理　132
変化の見落とし　135
弁別閾　31
忘却　113
ボーク　172
ポッゲンドルフ錯視　63
ポップアウト　131
ボトム・アップ処理　3

ま
学ぶこと　143
ミステイク　139
三つ山問題　172
ミュラー・リヤー錯視　61
メタ記憶　95, 170
メタ認知　8, 30
目に見える行動　143
問題解決　7

や
有意味受容学習　155
誘導運動　28, 67
誘導探索理論　141

ら
リアリティ・モニタリング　116
リハーサル　93, 167
領域固有性　10
両耳分離聴　127
類似性の原理　46

レディネス　145
　——促成の教育　146
　——待ちの教育　146
連続性の原理　48

わ
ワーキング・メモリ　5, 97, 153
ワトソン　145

執筆者紹介
編　者
塩見　邦雄　兵庫教育大学大学院教授　教育学博士(京都大学)　臨床心理士

執筆者
坂本　美紀　第1章
　　　　　　兵庫教育大学大学院助教授　博士(教育学)
千原　孝司　第2章
　　　　　　滋賀大学教授
大岸　通孝　第3章・第4章
　　　　　　金沢大学大学院教授
小野瀬雅人　第5章
　　　　　　鳴門教育大学教授　教育学博士(筑波大学)
松島　るみ　第6章
　　　　　　京都ノートルダム女子大学専任講師　博士(学校教育学)

対話で学ぶ心理学シリーズ3
対話で学ぶ認知心理学
2006年3月30日　初版第1刷発行　　定価はカヴァーに表示してあります

編　者　塩見邦雄
発行者　中西健夫
発行所　株式会社ナカニシヤ出版
　〒606-8161　京都市左京区一乗寺木ノ本町15番地
　　　　　　　Telephone　075-723-0111
　　　　　　　Facsimile　075-723-0095
　　　　　Website　http://www.nakanishiya.co.jp/
　　　　　Email　iihon-ippai@nakanishiya.co.jp
　　　　　　　郵便振替　01030-0-13128

装丁＝白沢　正／印刷・製本＝ファインワークス
Printed in Japan.
Copyright © 2006 by K. Shiomi
ISBN4-88848-876-2